西有穆山という生き方

伊藤勝司 編著

協力 西有穆山禅師顕彰会

大法輪閣

刊行によせて

西有穆山禅師《にしありぼくざんぜんじ》は、青森県八戸市出身で明治時代に曹洞宗《そうとうしゅう》の管長になった傑僧であり、二〇二一年は生誕二百年にあたります。

お亡くなりになられてからでも百年以上になりますが、このように永く顕彰されているお坊さんは他にあまりおられないと思います。

西有穆山禅師の功績は、近代における『正法眼蔵《しょうぼうげんぞう》』の第一人者であるという事はもとより、明治維新という激動期に全国各地を布教に歩いて民衆や僧侶たちを励まし、世の人々を救うために仏教の隆盛を願い、若い僧侶たちの育成に心血を注いで、無私の生涯を貫いた事だと思います。

この功績を末永く後世に伝えるために、私どもは西有穆山禅師顕彰会を組織して長年活動を続けて参りました。

私事になり恐縮ですが、三十年ぐらい前、当時の八戸市長で顕彰会会長でもありました秋山皐二郎氏から、あなたは穆山禅師の真向かいにお住まいなのだからぜひ穆山禅師顕彰会に入って一肌脱いでくれませんか、と声を掛けられました。考えてみますと、駒井が家業としております酒造りの酒蔵は、明治初期にはすでに穆山禅師生家の目の前に建っておりますので、穆山禅師が帰郷された際にはその眼にもとまったことと推察されます。また、穆山禅師の末裔であります秋山皐二郎氏からお声を掛けていただいた事にも、不思議なご縁を感じて入会させていただきました。

今回、前会長の伊藤勝司氏が西有穆山禅師研究の総まとめとしてこの本を出版されました。

伊藤氏は、二十年ほど前から西有穆山禅師関連の書籍の収集に努めてこられました。その結果、ほとんどの書籍を集めることができたそうです。

そこで、四年ほど前になりますが、折角の書籍や資料を活かすためにもぜひとも本にまとめてくださいとお願いしましたところ、即座に快諾してくれました。

この本を読んでみますと随所に穆山禅師の言葉があり、厳しさの中にも慈愛に満ちた禅師の人柄が偲ばれます。また、お弟子さんや随身の方々が語る言葉から、禅師の人となりが如実に浮かび上がってきます。穆山禅師の生き方は、まさに現代に生きる人々の指針になるものと言えるでしょう。

一人でも多くの方々にこの本を読んでいただきたいと思います。

西有穆山禅師という希有な名僧をこれからも語り継いでいくと共に、その徳行が我が国の未来に清浄な光を投げかけてくれるであろうことを期待して、刊行へのお祝いとさせていただきます。

二〇一八年十月

西有穆山禅師顕彰会会長　駒井 庄三郎

目次

表紙――「直心浄国禅師肖像」
安田靫彦画　焼津旭傳院所蔵
挿絵――「直心浄国禅師逸話集（復元版）」
西有穆山禅師顕彰会所蔵より
挿絵（植物画）――武内　京子

※表紙肖像画について
①作　者　安田靫彦画伯（文化勲章受章者）
②落　款　二〇代なので『靭彦』と記名
③依頼者　嗣法の弟子岸沢惟安老師
④制作年　三回忌にあたる大正元年

装丁・山本太郎

〔本書の構成と表記について〕

一、本書は、『正法眼蔵啓迪《けいてき》』をはじめとする参考文献から、西有穆山本人の言葉と複数の弟子や随身の言葉を収録して、西有穆山の人となりを紹介するものである。誰が話した言葉なのか分かるように、氏名を見出しの下に括弧書きし、出典元となる文献名を文末に括弧書きで記した。

二、明治時代の書籍からの引用が多いので、口語文といっても現代用いられている表記とは異なる面もあることから、次のように現代文に直した。

・旧漢字はできるだけ常用漢字に直した。ただし、固有名詞や文意からそのままの方がよい場合は、そのままにしてある。

・「〜ぢや。」など、現代は用いられない表現は現代の表現に直した。文意を表わす意味でそのままの方がよいときは、そのままにしてある。

・文法的に読みにくい表現もあったので、そのような場合は読みやすく直した。

三、参考文献からの引用だけでは全体を把握しにくいので、章・節の初めの部分や文と文のつなぎの部分に編者の文章を入れている。その場合でも、事実と乖離しないよう複数の文献に当たって文を作成した。

四、主な参考文献である『正法眼蔵全講』は、西有穆山の嗣法《しほう》の弟子岸沢惟安《きしざわいあん》が一二年間にわたって提唱した正法眼蔵全九五巻が収録されている。筆録したのは門脇聴心（居士）である。編者の私見であるが、門脇聴心は文才の人である。そのため、引用収録した本書の文中にも文才の際立っている部分が見受けられる。おそらくは居士が多くいる場で岸沢惟安がかみ砕いて話したことが、そのままであるにしても、読んで面白い文章として書き記されたのであろう。師弟関係を重んずる場合は留意して読んでほしい。

六、本書中に「狂人」「乞食」「坊主」など、今日の人権問題の上から差別語・不快語とされる言葉が見受けられるが、それを表記した時の時代性・文化的制約を背景とするもので、特に引用・収録した本文で使用されている場合は修正不可能と判断し、そのままとすることにした。注意を喚起するにとどめることをご理解いただきたい。

第一章　西有穆山という生き方

「気は大きく　勤めは堅く　食は細く　色は薄く　心は円く　有安」
（西有穆山書　八戸市小中野　常現寺所蔵）

一、虚心坦懐《きょしんたんかい》の人

◆一芸に秀《ひい》でている者をみだりに誹謗《ひぼう》することなかれ（西有穆山の話）

二〇歳ぐらいの頃、吉祥寺《きちじょうじ》の境内にある旃檀林《せんだんりん》（当時の宗門大学）へ通って勉強していたが、吉祥寺の前に菊地竹庵というたいへん優れた儒学者が住んで居ったのだ。

聞くところによると、この人は以前信州松本の藩主に仕えて藩学校の教授をしておったそうだ。ところが豪放磊落《ごうほうらいらく》な性格のため、窮屈《きゅうくつ》な奉公が我慢できず、松本を退いて江戸に来て、自宅でもって漢学を教えながら暮らして居たのだ。

このような性分の先生だから、行儀作法などには少しも頓着せず、夏などはふんどし一枚で講義するありさまだった。

そのような訳で、次第に人気を損ねて不行儀先生と言われるようになったから、旃檀林の二〇

裸の先生
（『直心浄国禅師逸話集（復元版）』）

○人近い生徒の中でだれ一人としてこの先生に学ぶ者が無くなってしまったのだ。しかし私は独りこの先生の門に学んだのだ。先生の行儀作法は私の学ぶところではない、先生の学問こそ即ち私の学ぶところである。
一芸に秀でている者をみだりに誹謗《ひぼう》してこれに学ばないのは、つまるところ自分自身の不徳であると思ったから、毎日不行儀先生の門に入って勉強に励んだのだ。

（『西有禅話』「経歴談」）

◆自分にない芸をもつ者が来れば（岸沢惟安《きしざわいあん》の話）

穆山師はな、まああれほど虚心坦懐の人というのは少ないだろう。

横浜に行かれてからは来なくなったが、島田の伝心寺に居られた頃は、よく歌詠《よ》みの乞食が来ていて、幾日でもお寺に居るのだ。そしてその間その乞食に歌のことを聞いたり、自分で作った歌を直してもらっておられたよ。

為平《ためひら》という名前であったから、身の為になるかならぬか、そう言って、お小遣《こづか》いを与えて出してやっておられた。

自分にない芸を、それを持っている者が来れば、どのような者であろうと尋ねておられた。聾者《ろうしゃ》の絵描《えか》きも来た。下手《へた》くそな絵描きであったが、それにいろいろと絵のことを聞いたり、絵を描かせたり、自分でその絵に賛をして持たせたりしておられた。まことにどうも虚心坦懐のお方であった。

（『正法眼蔵全講』「授記」）

＊語り手、岸沢惟安─西有穆山の嗣法《しほう》の弟子、詳細は巻末。

◆達磨と芸者の画賛

明治二五年、西有穆山の歌が一世を風靡《ふうび》したことがある。洒脱な歌と評判になり、たくさんの本にも紹介されたようだ。

『直心浄国禅師逸話集』＊にも取り上げられているので、その解説文を紹介する。

筒川方外《つつかわほうがい》、原宣明《はらせんみょう》師等発起《ほっき》にかゝる神戸県芳学林講習会に請ぜられし時、禅師の信者来たり。「達磨と芸者」の画幅を持ち来たり賛を乞う。

禅師即興《そっきょう》直ちに賛を書す。

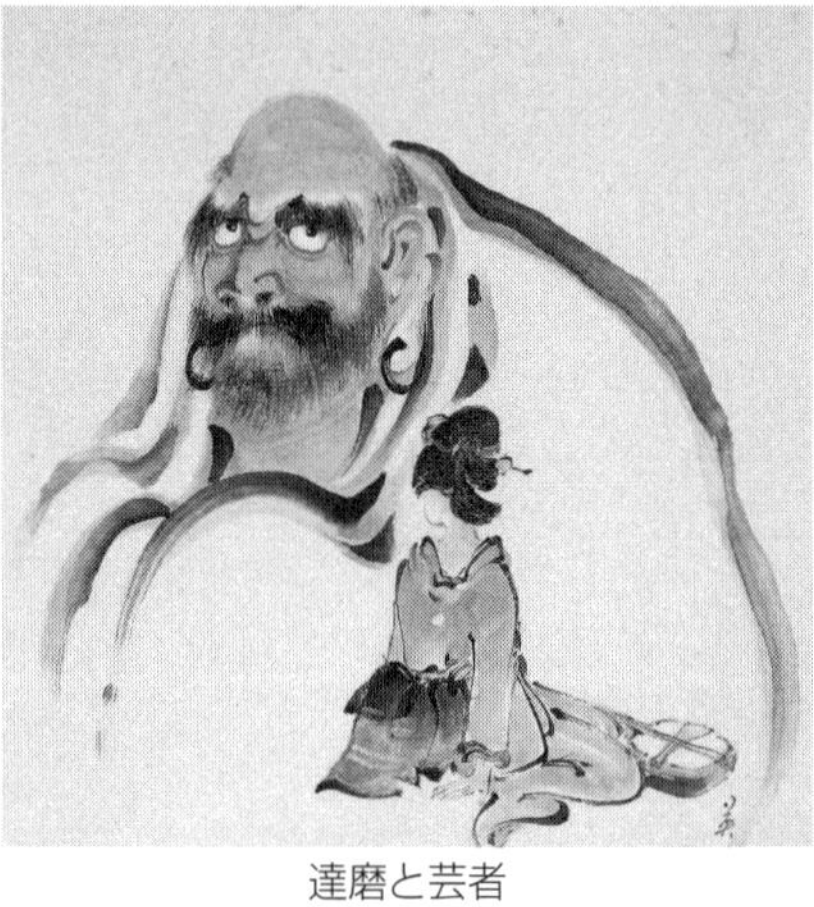

達磨と芸者

達磨さん九年面壁《めんぺき》何のその
私しゃ十年憂《う》きつとめ
煩悩菩提《ぼんのうぼだい》の二筋《ふたすじ》に誠の心の一筋を
加えて三筋で世を渡る
糸が切れたら成仏《じょうぶつ》と
客を相手にのむ阿弥陀
済度《さいど》なさるとなさらぬは
それは貴方の御了見《ごりょうけん》
他に余念はないわいな

この歌、当時の神戸花柳界《かりゅうかい》を風靡《ふうび》し、この歌を知らざれば芸者にあらず、とまで評判を得る。

＊直心浄国禅師——明治三四年、西有禅師が賜った勅特賜号。一般には禅師号ともいう。

＊編者注　この時の会場は兵庫県兵庫町福《ママ》昌寺と『本山出頭後続記』にある（参考文献『西有穆山禅師〜没後百年を迎えて』）。

◆玄関番（岸沢惟安の話）

横浜に移って行った翌年のことだと思う。だいたい、横浜には西有穆山師と一緒に一六人で行ったのだが、そこには檀家は一軒もなく、お米が一斗五升しかなかった。

行くとすぐから托鉢《たくはつ》をしないと食べていかれない。早速托鉢だ。一五人が半日托鉢しても、一円になったことはなかった。ある日、一円二〇銭もらったと言って、*典座《てんぞ》和尚が喜んで一菜追加で添えたというありさまだ。

そのうちに、雲水が来る、来る。

「こういうのが来ました」

「うん、おいてやれ」

「こういうのが来ました」

「うん、おいてやれ」

というので、二〇幾人、三〇人近くになったのだ。

そこで穆山師のお袈裟《けさ》を売り、法衣《ほうえ》を売り、数珠《じゅず》までも売ってお米代としたのだ。半年の間維持ができれば、何とかお寺になるという覚悟であった。

寺では、毎月の一日と一五日、*方丈《ほうじょう》に上がって、皆がお茶を頂くのが決まりであった。

ある時、方丈に行くとその三〇人が二列にずしりと並んで坐っている。お袈裟や法衣を売り、数珠まで売ったなどという事は忘れてしまって、穆山師が、

「大勢になったな。大勢になったな。これでは典座寮《てんぞりょう》が困りはしないかい」

と、いかにも嬉しそうにそう言われると、典座和尚は無口の人であったが、にやりにやりと笑っていた。古くから穆山師に随身《ずいしん》した典座和尚で、いま典座寮は困りはしないかい、と言われた意味もよく飲みこんでいたから、ただにやりにやりしていた。

　すると維那《いの》和尚が、このように雲水が来ては困るから、これからは試験をして、及第《きゅうだい》した者に掛搭《かた》を許すことにしたらよかろう。眼蔵家《げんぞうか》になるような資格のある者に許して、その他は省《はぶ》いてしまうというのだ。

　そう言うと、穆山師が、

「うん、よいことを考えついた。そうだな。しかしこういう事があるぞよ」

そう言って、お経の中の例え話を出した。

「インドでな、甲の国と乙の国とで、大きい河を隔てて戦が始まった。勢いの良い乙の軍勢は、河を越えてどんどんと甲の国に進撃した。ところがそのうちに甲の軍勢が盛り返して逆襲を始めたのだ。奥の方まで攻め込んだ乙の軍勢は疲れてきたので、退却し始めた。そして川の畔まで退いてみると、自分の国の方に逃げこむための船が一艘《そう》も無いのだ。これが甲の軍の謀略であった。

その退路の船を引き上げてしまって、一人も帰って行くことのできないように遮断してしまったのだ。そこで乙の軍勢は次々に追いたてられて、河の中に飛びこんで溺死した。その溺死した自分の軍勢の屍《しかばね》を乗り越えて、やっとこさで乙軍の大将が自分の国に逃げこむことができたというのだ」

次に、

「死骸もな、時によると総大将の命を助けるぞよ。勉強する者ばかり来て居て、玄関に人が来て『頼もう』と言っても、書物と首っ引きしていて玄関に出る者がいない。そうするとこの寺はつぶれてしまうぞよ。だから書籍《しょじゃく》に用のないような小僧も居る必要があるのだ」

そう言うのだ。

確かにそうだ。書籍に用のない小僧が玄関番をしてくれるから、書籍と首っ引きしていることができるのだ。

だから、この小僧がやはり徳を積んでいる。（『正法眼蔵全講』「谿声山色・法華転法華・行持〈上〉」）

＊典座和尚—修行僧たちのために料理を作る仕事を担う役僧。
＊方丈—寺の中にある住職の居間。
＊随身—仏道を教えてくれる正師《しょうし》に付き従い修行する人。
＊維那和尚—雲水たちの相談や監理にあたり、行持の進退を担う役僧。

＊掛搭―雲水が修行のために寺に滞在すること。

◆金天狗《きんてんぐ》はないか（文献より）

本山の貫首《かんしゅ》になってからのこと、地方巡教の途中、西有穆山はどこへ行っても老禅師と崇《あが》められるので、内心すこぶる不満であったようだ。たまたま以前から西有穆山を知っている僧侶が拝《はい》謁《えつ》に来て挨拶をした。その言葉が終わるや否や、

「金天狗はないか、わしは爺臭いことは嫌いじゃ、どーせ年が寄っているんだから、老人の真似をせんでも分かっている。金天狗はないか」

と、その頃流行の高級巻煙草を所望して、並み居る和尚たちを煙に巻いたという。

（参考文献『禅門佳話』「穆山禅師の真面目」）

◆平和に徹する（西有穆山の話）

なにしろ奥州が遅れるのは特色だと思えば不足はない。事をするには、踏み出してから退くことも良しとしておれば、何事も成就を妨げるものはない。

また、日本は七大強国の一つだと世界の人々におだてられておるのだが、このおだてに乗ってはいかんのだな。何事も自分から進み出ず、守るようにするのが肝心である。世界の人々におだてられて進んで取ろうなどの事はまだ早い。退いて守る力がなければ進んで取る力はないのだ。故に、まず退いて固守するに如《し》くはないのだ。

国家というものがある以上は仏法があるのだ。国家が破れると仏法も共に滅んでしまう訳だ。丁度器物に食物を盛ったようなものだな。すなわち器物が壊れると、豆腐もこんにゃくも散り散りになってしまう訳である。

諸君も進め進めの熱、即ち東京東京と進むのみ知って、退いて学ぶを知らんから、何事も成就しない。地方で充分勉強して、他日を期するが宜しいのだよ。

私が法光寺（青森県三戸郡、東北地方有数の名刹）に住職として居った際、小僧等が私が付いて教えているにもかかわらず、東京へ行きたいとか東京でなければ学問はできんとか言うて騒ぎ廻っていたのであるが、東京でどんな教師が居って教えておるかと言えば、皆私の徒弟《とてい》などが教えているのである。左様なものだからして、諸君も地方において充分に勉強し、軽々に進まないように心掛けねばならない。また、時に当たっては、何事も自分から事を求めないように心掛けなければならない。

国の事を言うてみると、守るだけの兵士を蓄えて守りさえすれば、進んで取るの挙はいらんわけである。固く守ってさえ居ったならば、決して他国に指をさされるの事はない。

それに孝ということを決して忘れてはならない。孝というのは、私が生まれてから今日まで経験を積んだものである。諸君もこの孝に基づいて勉強せられんことを願うものである。


（『八戸中学講演録』明治34年）

◆これが刺身というものか（正部家《しょうぶけ》種康《たねやす》の話）

西有穆山様が本山の貫首になってからの話がある。東北地方に巡教に来られ、故郷八戸の海沿いの宿にお泊まりになった時のこと、宿の主人が地元から出た偉い禅師様がお泊りになるというので、何日も前から食材を手配し料理の吟味もして待っていた。

いよいよ当日の夕べ、仕入れたばかりの食材に腕を振るった料理が並べられた。ところが、それを見た侍僧《じそう》が青くなった。穆山様が日ごろ絶対に食べない魚介類、それも生もの、つまりお刺身が山盛りに並べられていたからである。それを聞いた宿の亭主も大慌《あわ》て、急いで穆山様の前に進み出て、

「申し訳ありません。禅師様が生ものを召し上がらぬのに、このような物をお出しして、早速別の馳走と取り換えます」。それこそ平目のように平伏してお詫び申し上げたところ、

「よいよい、取り換えるには及ばない。何々、これが刺身というものか」と言って、箸でつまみ上げると、ぺろり、うまそうにむしゃむしゃと食べてしまわれた。

穆山様は一三歳まで海のすぐそばで育っていたのだ、刺身など知らぬ訳はない。この話は、八戸では今だに語り草とされている。

（西有穆山禅師顕彰会での講話）

＊語り手、正部家種康―郷土史家　詳細は巻末。

二、心安らかに暮らすには

◆一番下の処に度胸を定めておく（西有穆山の話）

世の中で仕事をしていると、その仕事が大きければ大きいほど、関係する所が広いので、万事うまくいって得意になることもあろうが、時には何をやってもうまくいかず、失望することもあろう。

けれどもその度毎に得意になったり、がっかりして自棄《やけ》を起こしたりするようでは、到底大事業に成功することはできない。

大きな事業に限らず、日々の些細なことでも、
◯最初から十二分にうまく行ったらこう
◯中位に行ったならこう
◯ことごとく外れたらこう

と、先ず第一にその一番下の所に度胸を定めておくと、心の内に十分の余裕というものができてくる。この心中に余裕を残しつつ事に当たると、我ながらうまくやったと思う時もきっとあるものだ。

そういうことだが、とかく世の人々は、初めからできそうに思われぬ事まで、どうかうまく行ってくれればいいと、曖昧《あいまい》な所で一生懸命望みをつないでいるようだ。だから、仕損じてみろ、そのうろたえようといったらないだろう。

何事をするにも、運も果報も心掛け一つと言うべきである。

わずかな月日を費やしてする仕事でも心の持ちようというのは大事なのだ。

一生を人間らしく送ろうとするのに一つの確固たる信念がなかった日には、立派な生涯は到底送られるものではない。

（「報知新聞」明治32年）

◆わだかまりのない心を（西有穆山の話）

我々の心は盆の上に玉を転がすように、転々として滞《とどこお》りのないものでなければならない。あちらこちらに引っかかるようでは困るのだよ。心に癖《くせ》があったり、ひがんだり、つまらない事を思い詰めたりすると、それが皆引っかかって滞るのだ。

金々《かねかね》といつもいつも思い詰めている人の前に賄賂《わいろ》が出ると、直ぐ引っかかる。

名誉名誉と思い詰めたり、地位を地位をと考えていると、悪い事もしないのに地位や権勢のある人の前に頭が下がる。平蜘蛛《ひらぐも》のように平伏《へいふく》するのは、名誉名誉と思う自分の心にわだかまっている塊《かたまり》のために、自分の腹の中の塊に自分でお辞儀をしているのだよ。

心の癖は、また人間の心に色を付ける。青い眼鏡には何でも青く映り、黒い眼鏡には何でも黒色に見えるように、自分の心に色が付いていると、すべての物の真相が分からなくなってくる。それで事々《ことごと》の判断を誤って、くだらない羽目に陥るのだ。

*玲瓏《れいろう》としてわだかまりのない心には、赤いものは赤く、白いものは白く映るから、自ら取るべきもの、捨てるべきものが明らかになってくるのだ。

（『難病患者の福音』）

*玲瓏――冴えてあざやかなさま。

◆心をさっぱりと掃除してから（記者、羽仁《はに》もと子記）

味噌臭い味噌ともいうが、学者臭い学者は本当の学者ではないでしょう。威厳を作る人には真の気品はないものと思います。寺（静岡県島田 伝心寺）に集まってくる村人たちに、慈愛の言葉を与える穆山師こそ本当の気品というものが現れています。

若い在家の人が教えを請うことがあれば、忙しい疲れている中でも、喜んでその前途を戒めて、「何事によらず焦《あせ》るというのは失敗のもとである。一冊の本を読むとしても、終わりを急いで半日も一日も読み続けた日には一時に疲れてしまって、もうその翌日は続かないというようになる。その上、読んだところも明らかに頭の中に入らず、自然身体を損なうことになる。まず仕事に取り付く前に、何か心に懸かる事でもあったら、頭の中に予《かね》てこしらえて置く広い野原に追いやって、心をさっぱりと掃除してから、さてそのことを始めるのだ。一心に努めて疲れたら止めるがよい。こういう心掛けでたゆまずに年月を重ねていけば、いつか立派なものになる」

このように話して励ましていた。

このような清涼の心こそが長寿の第一の秘訣であろう。

（「報知新聞」明治32年）

＊語り手、羽仁もと子――日本初の女性記者。詳細は巻末。

◆忍耐の満足（西有穆山の話）

心の満足と言うなら、忍耐ほど人の航路に言うに言われぬ満足を与え、自信と希望を起こさせるものはないと思う。

小さい例だが、明日でもよいと思うことを、ますます今日できることならしてしまおうと、己に打ち勝ってやってしまったときの心持ち、誰でも悪いことはないだろう。

それが大きな事になってごらん、後々まで思い出して始終その当時の満足を繰り返すことができるだろう、これもやはり寿命の大妙薬だよ。

私の満足の一つは、幸いにして悔いのない生涯を送ったことだ。

（「報知新聞」明治33年）

◆僧侶は煩悩《ぼんのう》を掃除せよ（西有穆山の話）

ところで、煩悩の掃除はせずに悟りばかり見たがる。それは醤油樽《しょうゆだる》に酒を入れようというようような修行であるから、もし入れたら大変、みんな醤油臭くなってしまう。煩悩を掃除せずに悟りを入れると我慢《*がまん》臭い悟りができる。よくよく坐禅して掃除をし、煩悩を断じて、それから仏性《ぶっしょう》というものを見届けるがよい。

（『正法眼蔵啓迪』「仏性」）

＊我慢―我を増長させて慢心し他をあなどること、が本来の意味。

◆孝、一生涯これで通せば間違いなし（西有穆山の話）

自分にとっての母親は、善知識《ぜんちしき》とも菩薩《ぼさつ》とも例えようのないありがたい人である。もし三〇の頃、帰国したまま奥州に居ったたならば、やっぱり友達仲間の半坊主で暮らしてしまったと思う。実に、今日の穆山があるのは全く母の賜《たまもの》であるのだ。

世の中の婦人たちも、この辺のところに注意して貰わねばならない。子供を養育するについても愛念はもちろん必要であるが、よほど大胆に養育せぬと、その愛念のために誤ってしまい、せっかくの麟《りん》児《じ》鳳雛《ほうすう》も無用の長物にしてしまう位ならまだしも、事によるとその子の生涯を誤らせるようなことにもなる。

余計なことではあるが、ちょっと注意しておくのだ。

自分は父母に孝ということを常に心掛けていたので、雲水行脚《うんすいあんぎゃ》の時でも、深く母の訓戒を守っていたし、片時たりとも父母のことを忘れたことがなかった。特に、もっぱら母を安心させることに心掛けたから、常に、身体も強壮で勉強するにも差し支えがなかったのだ。

なぜ母に安心させるのが健康や勉強のためになったかというと、常に孝行ということを念頭においていたからである。

自然に飲食も慎むようになって、暴飲暴食のようなことは身体を害して父母の心を傷《いた》めるのであると思い、また、自己の不摂生《ふせっせい》のために父母の心を傷めるのは、この上もない不孝であると思っていたから、摂生には注意したのだ。

学問についてもその通りで、父母を安心させることを第一にしたからで、不勉強であれば立派なものにはなれない、高僧碩徳《せきとく》にはなれない。

たとえ高僧碩徳にならずとも、普通よりは少しは優れたものにならねば、やっぱり父母に安心をさせることができないと思っていたから、一生懸命勉強したのである。

他人と交わるにも、父母を思うから、決して喧嘩口論などしたことがない。

又、両親を思うから悪事からも遠ざかったので、今日まで別にこれという功績もない代わりに、これという悪い事もなく、なおかつ、今日もなお勉強して居るので、幸いにも健康で　七〇余歳の今日までできたのだ。

（『西有禅話』「経歴談」）

三、厳しさも必要

◆母親の役目（西有穆山の話）

私のために母は菩薩の善知識であった。母があれだけの気性を持ってくれなければ、私は人間になれなかったかも知れない。

子供というものは母親の教えひとつで立身の礎《いしずえ》を据《す》えるのだから、くれぐれも女の人は常日頃から確乎《かっこ》とした気性を持って、決して子供を緩《ゆる》く扱ってはならない。

女はただ温和《おとな》しくありさえすればいいという話もあるが、それはどうにも受け取れない話だ。わがまま勝手は男にも女にも禁物だが、女だからといって毒にも薬にもならんようでは、決して頼もしくもない。


（「報知新聞」明治32年）

◆怒鳴《どな》る（岸沢惟安の話）

いつも言うが、穆山師は朝から晩まで怒鳴りづめであった。お授戒《じゅかい》に出ても本堂でがなりぬかれた。

ある老人が来て話された。

穆山師が可睡斎《*かすいさい》に住職中に、お忍びでこの地方に来られたことがあった。その途中、鳥取の景福寺でつかまってしまって、お授戒を勤められた。

その時、居士《こじ》（在家信者）の連中が集まって、西有さんがおいでになったから『心経《しんぎょう》』（般若心経）の講義を聴こう、という相談ができて、それを頼みにゆくと、さあ大変、

「不届きな奴だ、指図をすることがあるものか」と怒りぬいた。

暁天《きょうてん》の坐のときにそれでも『心経』を読まれたが、その『心経』が、ついにお叱言《こごと》で始まり、お叱言で終わったそうだ。

「西有さんは恐《こわ》いお方でした」、そう言っておられた。まさしくそうであった。

ところがその穆山師が、子供が来るというと、膝のうえに抱《だ》く、髭《ひげ》をなぶる、子供が自分の頬《ほお》ばった菓子を、勝手に師の口のなかに押しこんで、一緒に食べているのだ。

西有穆山師の、このような事はあまり世間に知られていないのだ。

あんまり恐いので、管長にせずにしまった。


（『正法眼蔵全講』「行仏威儀・大悟」）

＊可睡斎──静岡県袋井市にある寺院、敷地一〇万坪と言われる広大な境内を持つ。命名は徳川家康。そのため、住職は御前様と呼ばれていた。ゆり園、牡丹園などがある。

◆穆山禅師が怒ったために宗門が維持された（岸沢惟安の話）

*日置《ひおき》禅師が、禅師になられてから、名古屋でお授戒をつとめられた。その時信者が来て、「この度のお授戒はたいへんにありがとうございました」とお礼を申し上げ、続けて、「西有禅師も、時々おいでくださいましたが、西有禅師は御自分で戒法《かいほう》をお説きくださりながら、『自分でも守れない戒法があるのだ』とおっしゃいました」と言うた。

それを日置禅師が聞きとがめて、

「それは初耳だ。どの戒法が守られないのだ」

「禅師さまもご承知のくせに……」

「いや、知らぬ。どの戒法だ」

「朝から晩まで怒りづめに怒って、第九不瞋恚戒《ふしんにかい》が守れないではありませぬか」と言うた。

すると日置禅師が、

「うむ、それはお前の知ったことではない。西有禅師が朝から晩まで怒ったために法が行われたのだ。西有禅師が怒らなければ、曹洞宗はとっくにつぶれたのだよ」

と、おっしゃったそうだ。

腹を立て怒ったところに曹洞宗が維持されたのだ。腹を立てるのではない。間違いを矯正《きょうせい》なされただけだ。しかもその慈悲心から、なるべく叱言《こごと》を言いたくないから、三度の叱言を二度で済ませ、二度の分は一度で済ませたい。それには厳しく正気づくほど言わないと、身にしみ込まない。

それだから手厳しく、真っ赤になってがなるのだ。みな慈悲心の他はない。慈悲心が進んで腹を立てる。慈悲心が退いたときに腹立ちをやめる。笑いながら腹を立てても、子供にさえ馬鹿にされて効き目はない。真っ赤になって、青筋を立てるから、それが慈悲心の光明だ。これ以上の慈悲心はない。

この穆山師の慈悲心で曹洞宗がつぶれずに、これまで維持してきたのだと、日置禅師がおっしゃったのだ。

*眼蔵《げんぞう》が今日世間に広まって、猫も杓子《しやくし》も眼蔵、眼蔵と言うようになった。これまさしく穆山師が怒鳴り続けた力によるのだ。怒鳴り続けた慈悲心から、今日の眼蔵家《げんぞうか》が生まれたのだ。それを世間の人は、ただ怒る、怒るといい、*我慢坊主、我慢坊主だという。あんなに怒る奴《やつ》が管長になったら、何をするか分からない、倒してしまえ、というので、二度も、三度も本山に出されずにしまった。

（『正法眼蔵全講』「行仏威儀」）

*日置禅師―日置黙仙《ひおきもくせん》、西有穆山の随身。詳細は巻末。
*眼蔵―『正法眼蔵』のこと。宗祖道元禅師の著作、曹洞宗の根本聖典とされる。
*我慢―ここでの意味も、我見を増長させて慢心し他人を見下すこと。

◆汚いから掃除、その根性のあるうちは掃除はできない（岸沢惟安の話）

わしの在所は、東に指月《しげつ》、西に面山《めんざん》と言われた曹洞宗の二人の善知識のひとり、指月禅師のお寺の近くだ。

わしの母はそのお寺の在った村に生まれたのだ。そのために感化を受けたとみえて、毎日毎日お便所掃除を欠かしたことはなく、床板が鏡のように光っていた。子供の時に泥足《どろあし》で入ってゆくと、ぴしゃりとやられたものだ。

お便所ばかりではない。庭に草を生やすと家はつぶれるというのも母の憲法であった。それで、わしもお便所掃除をよくやらせられた。いやも応もなかった。ところがそれがどのような意味でというと、母親にはその意味はないのだ。ただやかましく言って、わしどもに掃除をさせただけだ。わしどもがそれで仕込まれたから、お寺の境内に草が一本生えると、それが気になって仕方がない。

穆山師もそうであった。ところが穆山師の草を生やさないのと、わしの母親のとは違う、穆山師のは仏道の上のお便所掃除だ。母親のは訳は分からないが、ただお掃除する。母親のは自然だ。自然でやるのと、仏道を行ずるのとでは違いがある。

そのうち出家をして、ちょうど穆山師が、七七歳のときだ。赤痢を患われた。その時にわしが

お便所掃除をしようとすると、穆山師が、

「きさまにはまだお便所掃除はできない」、そう言われた。

「汚いから掃除をするというのだろう。その根性のあるうちは掃除はできない」

と言われて、穆山師は八〇歳になるまで、ご自分でお便所掃除をしておられた。八〇歳になられてから、初めてわしにさせられた。

お便所掃除ができるのは豪傑だよ。本堂掃除とお便所掃除とが同じにできれば確かに豪傑だ。浄と不浄を対待《たいだい》させているうちは、お便所をかえって汚《けが》すのだ。浄もなく不浄もない。浄不浄がなくなってはじめてお便所掃除ができる。その浄不浄を超越したのが仏性だ。

（『正法眼蔵全講』「栢樹子・四禅比丘」）

四、長生きの秘訣

◆善《よ》いことをする（西有穆山の話）

善いことをすると寿命を延ばすことができる。自分の注意ひとつで、自分の寿命の伸縮は、どうにでもなるのだ。善因善果《ぜんいんぜんか》（善い行いは善い結果を生む）、悪因悪果（悪い行いは悪い結果を生む）、それをくらますことはできないのだ。

（『正法眼蔵全講』「深信因果」）

◆目的を持つこと、無駄は寿命を縮める（西有穆山の話）

たとえ石橋が腐ることがあっても、願力《がんりき》と修行力は朽《く》ちるものではない。これは固く信じて忘れてはならないことだ。

仏道を成就したいというその願力だ。その願力とは、この身一代でとは言わない。二生《にしょう》、三生《さんしょう》かかっても、これだけのことは必ずし遂げたいというのが願力だ。

人間というものは、何か一つ目的がなければ、早死にするぞ。願力に生きる。一つ目的を立てて、その目的に向かって突進するのだ。その目的が健康も維持するのだ。だから……。

無駄口、無駄食い、無駄遊び、すべてその無駄というものは、寿命を縮めるぞ。

何か一つの目的があって、その無駄口きいている暇に坐禅をするというようにするがよい。そうすると、無駄食いも、無駄遊びもできなくなる。それが長命の本《もと》になるのだ。その目的を立てるのが願力だ。だから願力をもって自分の寿命とする。

（『正法眼蔵全講』「栢樹子」）

◆一日の行（西有穆山の話）

年がら年中朝は未明に起きるが、眼が覚めるとまず布団の上に坐ったまま、頭の上から足の先まで身体の一切を丁寧に両手で以て摩擦《まさつ》して、それから床を離れるのだ。この全身摩擦法は七〇歳の時から始めて無論自分でやっていたが、年取り過ぎて身体が弱っているのに無理してはならぬと思って、今は小僧共に擦ってもらっている。

洗面後は必ず七、八町位ずつ山内を散歩し、朝一時間、昼一時間、晩三〇分とこの三回は坊主の行として*看経《かんきん》をするのだ。

昔、修行盛りの時代は寝る時間は今の時計で四時間とほぼ決めておいたものであったが、この頃は遅くて九時、大概は八時になると床に入るのだ。

平生《へいぜい》の養生として行っていることは、やたらに湯水を飲まないことで、生水などはほとんど飲まないといってもよろしかろう。茶は一回に一碗位しか用いない。次は間食を慎むことで、どんなに腹の減った時でも、またどんなに好きな物がそこにあった場合でも三度の食事外の時には決して食べもしないし手も出しはしない。それから今一つは昼寝をしないことだ。昼寝をして良いか悪いか、そんな理由は別として、自分は昼寝をしたことはない。

（「報知新聞」明治34年頃）

*看経——経文を黙読または読誦《どくじゅ》して心を法理に照らすこと。

◆不精《ぶしょう》は健康の大敵（西有穆山の話）

衣服は絹布にしようと木綿にしようと、そんなことは人々の勝手次第であろうが、寒すぎぬよう、暑すぎぬよう、時々の気候と自分の身体とによく釣り合いの取れるように着用することが何より肝心の心掛けというものだ。今現在着ているもので寒いと感じたならば、直ぐに立って羽織なり袷《あわせ》なりを重ねることにし、もしまた朝着たままで日中に暑くなったら、時を過ごさずに脱ぐというようにさえ努めていれば決して風邪などに罹《かか》るものではない。

これは自分が雲水の時代から実験したことであるからいささかも間違ってはいないぞ。

北海道は時節によっては随分気候も激変する所で、朝は綿入れを重ねても寒い程であるかと思うと、昼頃になると袷でも暑いというようなこともある。自分はその気候の変化の激しい北海道に三回も行って、雪の降る頃までそっちこっちと回って歩いたが一度も風邪を引いたことがない。それはつまり前に話した如く、寒い暑いの感じにより、日に幾度でも衣服を重ねたり脱いだりしたからである。

それなのに一緒に行った随行の者どもは四人が四人みんな風邪にやられてグウグウ言っておった。若い坊主共の中には寒中に素綿入や袷一枚ぐらいひっかけてブルブル胴震いしている奴らも見受けるが、それは不精からくるので修養でもなければ鍛錬でもない。一寸立って着替えをすれば何のこともないのに、その一寸立つのがいやさにブルブルやっているのだ。

総じてこの寒暑に注意し、不精をせずに衣服の着脱ぎさえ怠らなければ、少なくとも風邪に襲われる憂いはないことと信じている。この事に限らず不精はすべての衛生の大敵とみておくのがよろしいぞ。

（「報知新聞」明治34年）

◆旭に負けぬ（西有穆山の話）

きょうの仕事を明日に回すのが気持ちが悪い。明日になってできるやら、できぬやら分かりもしまい。それで私は若い頃から朝は未明に起きる、夜が明けてから起きていては何もできんよ。

（「報知新聞」明治33年）

◆病気の元は心の癖《くせ》（西有穆山の話）

まず第一に病気の元になるのは余計な飲食だよ。身体を養うだけより以上の食べ物は、食べれば食べるほど胃の腑《ふ》を労して、その上に身体の中に病気という余計なものを作り出すことになる。

ちょうど我々が病気を食っているようなものだ。

余計な食べ物よりもう一層病気の元になるものは、余計な思い煩《わずら》いだよ。

衛生衛生といって気を揉《も》むと衛生病になるぞ。金が欲しい、名誉が欲しい、あんなに成りたい、こんなに成りたい、それが病気の元だよ。つまり、自分で病気になろう、なろうと、もがいているようなものだ。

（『難病患者の福音』）

◆うがいは度々（記者、羽仁もと子記）

穆山師は、便所を出て手を洗うときはいつも、用意してある清水でカアカアとうがいをする。

記者の見たところ、歯の丈夫なところはそのへんに関係があるのだろう。（「報知新聞」明治33年）

◆顔は水で（記者、羽仁もと子記）

老僧は厳冬の早朝でも必ず顔は水で洗われることである。

いつか笑いながら云われたことがあった。

「年中水で顔を洗うと皺《しわ》がよらないと云うことだよ、死に顔も醜くないと云うが何《ど》うだ？」

（「報知新聞」明治33年）

◆禅師の小食長命（村上専精の話）

西有穆山禅師や石川素堂禅師なども枯淡《こたん》な人で、食物については特にそうだった。私が西有禅師に初めてお会いしたのは、横浜の西有寺であった。禅師はその時八二歳、私は五〇歳の頃だった。

時たま、一緒にご飯を頂く事になったが、いつも、禅師は淡泊なものを少しばかり食べておられるので、不思議に思い、

「そんなに小食でよいのですか」

とお尋ねすると、禅師は、

「わしも大食いしたこともあったが、*奕堂《えきどう》禅師に随侍《ずいたい》してから、小食にしました」

と言って、奕堂禅師が、淡泊なものをわずかばかりしか食べられなかったことを、色々と話された。

奕堂禅師は、近代の大禅師と言われる人で、体格も実に見事、米俵二俵をヒョイヒョイと手玉に取ったという怪力であるが、食事は極めて少なく、三度が三度、ご飯は一椀、お菜も一汁か、

一皿と定まっていたという。（『禅の生活』昭和3年）

＊奕堂禅師─諸嶽奕堂《もろたけえきどう》。前橋龍海院、金沢天徳院に住し、總持寺独住一世、曹洞宗管長。

＊語り手、村上専精─仏教史学者、東京帝国大学印度哲学科初代教授。

◆煙草を止めるには骨が折れるぞ（西有穆山の話）

私は皆さんの知っている通り、最近煙草をやめた。

しかしな、今朝も早く目が覚めたら、一服欲しくなってきたのだ。こんな時のためにそばに置いてあった物がある。ハッカだ。そのハッカをなめたのだ。

どうも、朝起きた時と食事が終わった後、退屈した時には煙草が欲しくなるな。それだから、煙草をやめるには骨が折れるぞ。それに代わるオモチャができるとよいがな。

一度煙草を吸う癖がつくと、やめられなくなるので気を付けなければならないぞ。

（『学道用心集提耳録』）

五、腹七分目（記者、羽仁もと子記）

西有穆山は、同郷の女性記者羽仁もと子に衣食住に関することを話している。それが報知新聞に連載記事として載せられた。食に関する記事を現代語に直して記す。

◆食事は少し

私は穆山師の居室に案内されて食事に呼ばれた。そこで、養生法というような話を持ち出してみたところ、穆山師の答えは、

「自分は何十年来夕飯を食べないという事のほか、変わった事がないと思うがね。しかしまた、側に居る者が気の付いた事があるかも知れない」

とお話になり、お給仕の小僧に二人のお付きの僧を呼ばせた。お付きの僧は来て、次のような話をしてくれた。

そうですねぇ、老師は蕎麦《そば》がお好きですよ、そして少しの物でも無理に食べてお仕舞いになさ

ると云う事はありませんよ。これっぱかりと思う程でもお残しになります。

日頃から、

「多い物を無理に食って胃を悪くするより犬にでもやると功徳《くどく》になる」

と、おっしゃっております。

島田でこの前ご大患の時でした。お医者がぜひにと鶏卵やスープなどを勧められましたけれど、老師は、

「卵一つ食うのは鶏一羽を殺すようなものだ。出家は鶏を食って鶏になって生きて居るより、人間で死んだ方がましだ」

と、どうしてもお聞きになりませんでした。

それでも少しも差し支えなく、お肥立《ひだ》ちになりました。島田の人々がこの事を聞きまして、涙を流さぬ者がないぐらいで、

「人間で死んだ方がましだ」

というお言葉は、今でも老師のお記念《かたみ》になって島田には残っております。

◆そば湯の夕食

穆山師は朝はお粥《かゆ》、昼は普通の食事、夕飯はそば湯などが通例で、一三歳の時に剃髪《ていはつ》してから肉類や卵などは少しもお食べにならない。次のように話された。

「余家《よそ》に行っても、夕べの馳走を受けるのは一番困るよ、晩に大食するとどうもよくない。在家の人は夕飯を食べて、また夜食なんどと言って食べる人もあるようだが、ヨー食べられると思うよ。出家*は普通の人とはやることも違っているが、自分の経験によると、食物を余計に食うとどうしても身体も精神も爽やかという訳にはいかないねぇ」

と言う師のひさご*の様な歯はまだ一本も欠けてはいない。耳も目も聡明だし、記憶も言葉も明快、動作も堅実なものである。殊に不思議なのは顔、手足などの血色が鮮やかなことである。師の養生法はなお数々ある。

*出家―家や家族を棄てて俗人としての生活をやめ、仏門に入ること。
*ひさご―夕顔や瓢箪などのこと。ここではその種を意味する。

◆小言を言わない

穆山師は少量の日本酒を飲まれる。師の好みでもないだろうが、女手のない寺だから料理は砂糖など使っていない。なかなか上手にこしらえてあるものもあるけれど、中には塩辛すぎるものも、薄塩すぎるものもある。けれども一切小言を言われぬそうだ。

穆山師は語る。

自分《わし》は食物に対しては昔から一つの願《がん》を起こしている。それは、

○この食べ物はまずいと小言を言わない事。

○これこれを食べたいと頼まない事。

○何でも先方で食べさせて呉《く》れる物を安んじて食べる事。

と、こういう願である。

見られるようにこの通り若い雲水たちがいる。三度の食事は代わり番こにこれ等の手で思い思いに料理されるから、器用な奴の番に当たった時はうまくでき、不器用な奴の番に当たった時はまずくできるのだ。

不器用な奴はやっぱり不器用なもので、今日の汁は甘いじゃないかと注意すると、次の日の汁はまるで醤油のように塩辛くするというような具合になるから、塩辛いと思ったら湯を加え、甘ったるいと思ったら醤油を差して食べるのが一番だ。

仮にこんな料理をしてこいと言って、あらかじめ依頼しておくとして、定めし自分の心に思っているような、こんな塩梅《あんばい》の風味にできてくるであろうと密かに待ちかねていたところへ、いよ

いよいよ膳《ぜん》に上ってきて、箸《はし》を下ろしてみて全く予期に反してみろ、その時の失望は並大抵ではあるまい。

それであるからうまいなりまずいなり小言を言わず、頼みもせずに何でも膳に上ってあるのを食べるのが安心だよ。

不器用で料理の下手な雲水を衛生局と名付けておく、なぜなら、うまいと我れ知らずいくらか食べ過ぎをしてしまう。まずいとどうしても不足に食べる、食べ不足の方は食べ過ぎよりも身体に良いから、そこでそういう名前を付けたんだ。

◆五穀蔬菜《ごこくそさい》で大丈夫

穆山師は肉食《にくじき》について次のように語ってくれた。

自分らは、生臭いものは鼻についてどうしても食べられない。だしの中にわずかばかりの鰹節《かつおぶし》が混じっていても、それがすぐに分かるくらいだ。牛乳もやっと近頃になって飲めるようになった。ビスケットとかいう菓子は嫌な臭いがして食べられないくらいだから、いかに養生になろうとも卵は口にすることができない。

これは畢竟《ひっきょう》、坊主となってから何十年もの間、長い月日を肉食禁制の戒律に過ごした習慣から来たのだ。

このように鳥獣魚介の肉食から離れて、五穀蔬菜を食物としたからといって、健康には一向に不自由を感じはしなかった。

それなのに、明治に入り戒律が寺院の僧侶の間で緩《ゆる》んできて、近頃というものは、年とともに生臭《なまぐさ》坊主がだんだん殖《ふ》えてきた。その坊主共の言い草によると、肉食は極めて衛生に益のあるもので、それを成さないと健康は保たれないとのことだ。

肉食と健康との関係は、果たしてこの生臭坊主共の言い草の如くであったとすれば、坊主もやはり人間に相違ないから、従って肉食を許さにゃならない。

そこで、従来は何とも思わずにおった肉食禁制も、それからは一段と注意して、自分の健康にどれだけ影響するものであろうかと試してみている。

しかるに、この通りじゃ。五穀蔬菜で人間の健康は大丈夫保てる。

生臭坊主共の言い草は一言も理屈が立たないではないか。坊主が鳥獣魚介の肉食をするのは、ただ戒律を破るのみで、その他は何の効果も無いのである。

さて、自分の一日の食事は朝昼晩の三度とも必ず粥《かゆ》を用い（編者注　高齢になってからの夕食はそば湯から粥になったようだ）、菜は例の器用、不器用交代の若い雲水共の手料理の他は何か塩辛いもの一と色だけだ。

その他の養生としては朝夕に牛乳一合ずつ、毎食後に水飴《みずあめ》一匙《さじ》ずつ、昼食後に限り黒大豆、黒胡麻、もち米の三色を粉にして、それに自然薯《じねんじょ》の粉末と砂糖とを混ぜた香煎《こうせん》を茶飲み茶碗で一つぐらいずずつ用いるのだ。水飴は二〇年ばかり前から用い、香煎は根気の薬だといって少年の時代から欠かさず用いている。

食物は毎日毎日これを繰り返すだけであるから、世話がない。人の厄介になることも自然に少なくなってくるのだ。

（「報知新聞」明治33年、34年）

六、穆山の処世三訓

◆世をわたるには馬鹿げたをはくべし（岸沢惟安の話）

『正法眼蔵』の「大修行」の巻では、*不落《ふらく》の方を主として説かれてある。それから「深信因果《じんしんいんが》」の巻は、*不昧《ふまい》を主として説かれてある。だからその二巻によって因果をお説きくだされたのだ。理屈屋はこの「大修行」の巻が気に入り、「深信因果」の巻が気に入らないが、しかしこの両面があるので両手完全するのだから、この二巻によって、よくよく因果を心得るのがよいのだ。因果を知るということは、仏性そのものを知るということだ。

これについては西有穆山師が非常に骨を折られて、五〇年以上も苦しまれたものだ。そして肝腎なところをつかんで教えられたから、この巻がいくらか分かってきた。分かってみると、ごもっともで、疑うところが無い。

……、この老僧がいまの巻の有一老人《いちろうじんあり》と同じことを言ってあるのだ。諸法実相《しょほうじっそう》、それを老人という、老僧という、すなわち仏性《ぶっしょう》、法性《ほっしょう》、三昧《ざんまい》王三昧《おうざんまい》、阿耨菩提《あのくぼだい》のことを老人というた。仏性、法性と言えば、縦に三際《さんさい》をきわめて常住、横に十方にわたりて弥綸《みりん》しているものだ。そのうえから見ると分かりやすいのだ。（編者曰く　何のことか分からない……）

（『正法眼蔵全講』「大修行」）

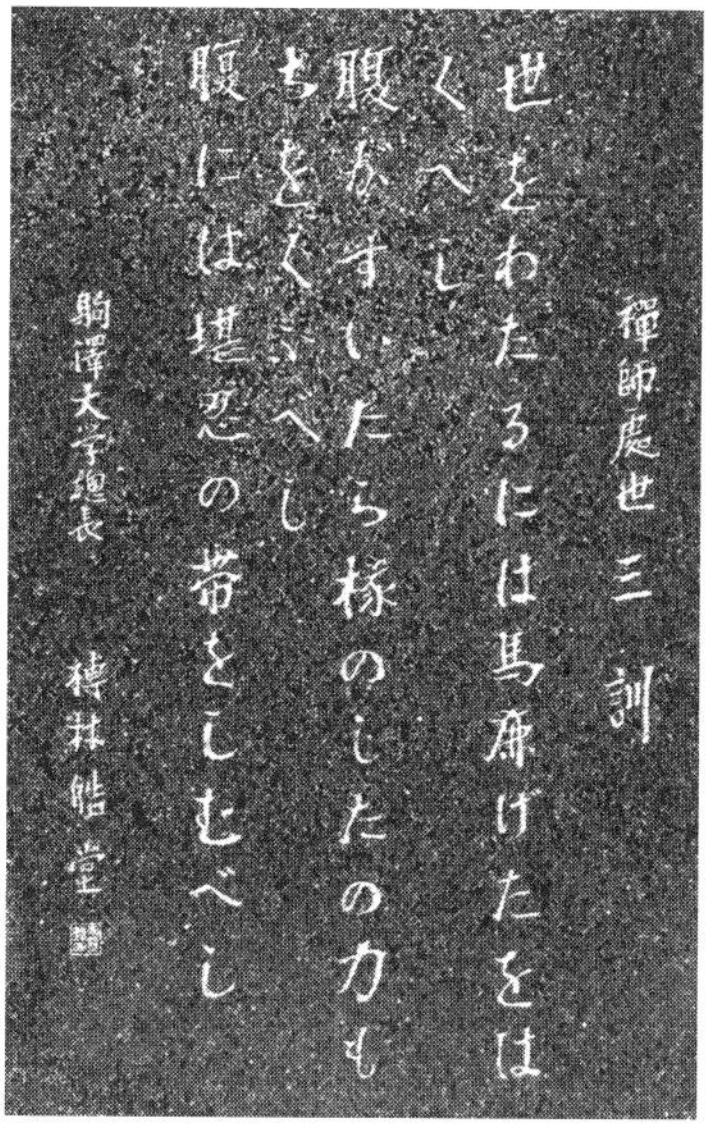
禪師處世三訓
世をわたるには馬鹿げたをはくべし
腹には堪忍の帯をしむべし
駒澤大学總長　榑林皓堂

「禅師処世訓」八戸市湊高台にある西有公園の西有穆山禅師銅像の台座に刻まれてある。（駒澤大学総長　榑林皓堂筆）

西有穆山師はこの公案には八〇年の間骨を折られた。古人はそのようにみんな馬鹿だ。今ごろの人は、三年、四年、ことによると一週間で卒業してしまう人もあるようだが、穆山師は八

○年だよ。よほどの馬鹿だ。
八○年の間苦しんだだけ、それだけ力を得る。そして、古人未発《みほつ》のことを言っておられる。

（『正法眼蔵全講』「深信因果」）

＊不落と不昧―『正法眼蔵』「大修行」の巻に、「因果に落ちる、因果に落ちない、仏法にその両方の道理がある。落ちる、それが不昧因果だ。落ちないのはむろん不落因果だ」。

◆腹がすいたら縁の下のちから餅《もち》を食うべし（岸沢惟安の話）

道元禅師さまは『正法眼蔵』「画餅《がびょう》」の巻をお書きなされている。

穆山師が、この「画餅」の巻のことを、

「縁の下のちから餅」と言われた。

道元禅師さまは、この画餅でお腹がふくれるのでなければ、本当の仏祖ということはできない。

そうおっしゃっている。

穆山師は、

「縁の下のちから餅でお腹のふくれた人でなければ、ほんとうの大悟底《だいごてい》の人ではない」

と言われた。

同じことだな。「画餅」の巻を縮めると、
「腹がすいたら、縁の下のちから餅を食うべし」そういうことになるのだ。
（『正法眼蔵全講』「大悟」）

◆腹には堪忍《かんにん》の帯をしむべし（西有穆山の話）

私が中年（編者注　三〇代）の頃であった。ある所に居った時、根性の悪い雲水が居って、むやみに人を扇動《せんどう》して悪事を企《たくら》む坊主が居った。

仲間の者がいずれも困って追い出したいと思っておった。私も実は困ったのである。しかし、だんだん考えてみれば堪忍の力を養うにはよかろう、堪えるだけ堪えて修行するには、この悪坊主を師匠とするのが一番であると思ってやった。

つまり、こちらの堪忍の力が強ければ、向こうの奴を服することができる。何でも根性の悪い奴ほど、そういうものに対して、こちらが一つ堪忍してみる。

それを楽しみに思って世界を渡ってごらん、まことによい修行になる。

この堪忍ということも、つまり慈悲心より現われ出たるところのもので、人々の持っている仏性、すなわち水晶の玉の光が現われ出たのだ。
（『西有禅話』「垂誨」）

七、西有穆山の生きた時代

西有穆山の生年は文政四年（一八二一）。文政年間は、良寛和尚が晩年を過ごし、葛飾北斎が富嶽三十六景に取り組み、伊能忠敬が日本地図を完成させた時期にあたる。穆山誕生の二年後に勝海舟も生まれている。文政年間以降は外国船の来訪が多くなってきたこともあって、世上騒然とする中、幕末・明治維新に向かって行くことになる。

穆山は四八歳で明治維新を迎えている。明治初期の廃仏棄釈という混乱の中で、全国各地の寺院にある貴重な文化遺産ともいうべき仏閣や仏像などが破壊された。仏像の中には破壊を免れた物もあったが、非常に多くの仏像が外国に売り渡され流失したのも事実である。その後信教の自由が保障されるようになったが、明治という時代はある意味で仏教復興の時代でもあったと言うべきか。

ともあれ、西有穆山は前半生を江戸時代、後半生を明治時代に生きたことになる。

第二章　西有穆山の仏法

達磨図　「本来無一物乾坤時是吾　總持穆山八十一老衲」（西有穆山画賛　八戸市糠塚　大慈寺所蔵）

一、無証文の借金（岸沢惟安の話）

◆無明《むみょう》のくもりがとれた

穆山師が本山の禅師になられたその年に、静岡市の瑞光寺《ずいこうじ》で高等授戒会《じゅかいえ》をやられた。高等というのは、五年以上稽古《けいこ》した者ばかりを集めて、お授戒を勤めたのだ。

その時の戒弟《かいてい》は九五人で、随喜《ずいき》の寺院が五〇余人、筒川《つつかわ》さまが一番の上席であった。

中島藤吉という人がお授戒に就《つ》いていた。この中島という人は、上州の生まれで、三人兄弟の末っ子であった。それがすね一本で出て来て、横浜の呉服屋に入り、独立して、どれだけの財産をつくったかな。

財産は大分あったようだが、富は極めるべからずと言う。いくら出来ても欲には際限がないから、ほどほどのところで見切りをつけなければならないというので、自分は店を辞めて、一番番頭にやらせていた。その時に一番番頭に一〇万円与えたそうだ。相当な金額だ。だからたいへんな財産であったようだ。

中島という人の住まいは、代々木《よよぎ》の斎藤弥九郎先生の邸宅を買ったものだ。斎藤弥九郎という人は幕末の三剣客の一人だ。その邸に当時の剣客がみんな集まったそうだ。勝海舟が稽古した射的場だというので、それが保存してあった。敷地が五町歩もあり、竹林と梅の大樹があり、桜の木が一町歩にもわたって植えてあるという大きな屋敷であった。

その中島という人がお授戒に就いた訳を言うぞ。一番番頭が、穆山師が横浜の西有寺《さいゆうじ》に行かれて、講義を始められたその最初から聴きに来ていた。その人が親方である中島さんに穆山師の講義を聴くことを勧めたのだ。

この中島さんが横浜に居る時に鉄砲撃ちが好きで、暇さえあれば鉄砲持って出かけていた。ところがある日のこと、鴨《かも》がいる、よしわしが撃つというので、パンとやると、きゃっ、という人間の声であった。すると、白髪の婆さんが、わしの一人息子を殺したと言うて、土手下からおどり上がって来たのだ。大いに弱った。とにかく婆さん一代は食えるようにする。それから養子をもらって、その養子にも不足ないようにするからというので許してもらったのだ。そのように鉄砲撃ちについて罪悪のあった人だ。

穆山師はよく、

「無証文の借金をするでない」

ということを言われた。それから説戒のときに、

「殺生《せっしょう》は悪いことだ」

とやかましく言われたのだ。

それが殺生の悪いことをやかましく言われたものだから、痛切に感じたのだ。それでわざわざ英国から取り寄せた鉄砲二丁を売ってしまった。

それから半年ばかりしてから、今度は護身用として持っていた三丁のピストルも売って、そのお銭《あし》は全部貧しい人に寄付してしまったのだ。

ピストルも何もすっかり売ってしまって家に戻ってきて、その晩は気が清々《せいせい》した。

中島さんが鉄砲を持っていた頃は、その大きい屋敷に鳥が一羽も来ない。鳥の鳴く声など聞いたことがなかったというのに、その翌朝、縁側に出てみるというと、邸内に雀がたくさん来ている。顔を洗っていると、目の前に雀がおどっている。赤松にはカラスがカアカア鳴いている。どうも鳶《とび》が舞っているようだ。ありがたいことだと中島さんが話していたそうだ。

それだから確かに鳥の一羽が仏性《ぶっしょう》の現れだよ。中島さんがお授戒について、無明《むみょう》*のくもりがすっかり取れてしまったのだ。

(『正法眼蔵全講』「坐禅箴・海印三昧」)

＊無明──われわれの知性の中に深く根差している自己及び真理に対する迷い。迷いの根源。

◆必ず返済を迫ってくる

穆山師のお話に、

「前世において借りた借金を、前世において返済しないでしまったものは『無証文の借金』だ」

と、こんなお話があった。

だから無証文の借金をつくるなよと、やかましく言われていた。

ひとたびつくった善悪業《ぜんあくごう》が、その結果を見ないで済《す》むものではないのだ。

それだから金銭を借りるにしても、また好意で人が物をくれたりしても、その返礼をしないでおけば、それが皆借金だ。

その借金を、つまりこの身でつくった善悪業の結果を、この身で受ける。それを「順現報受《じゅんげんほうじゅ》」というのだ。

借金を次の世に持ち越すこともある。つまり、善悪業の結果を次に生まれ変わった時に受ける。それを「順次生受《じゅんじしょうじゅ》」という。

この順次生受になるというと、もう前世においてなした事は、自分では忘れてしまっている。証文も無くなってしまっている。借りた人も、また貸した人もその証文は持っていない。それで借金が帳消しになるかというと、そうではない。一度まいた種子は尽きるということはない。それが、第二生に続くのだ。証文を持ってはいないが、必ず返済を迫ってくる。わしは借りた覚えがないと言っても仕方がない。泥棒《どろぼう》となって取りに来るか、掠奪《りゃくだつ》していくか、必ず返さねばならない。

それだから強盗にあったりするのだ。その強盗に遭遇したときに、前世の借金を取りに来たのかい、ご苦労さん、お返ししますよ。何もピストルなど持っている必要はない。

中島さんという人がそれに徹したのだ。そして鉄砲もピストルも売ってしまって、清々として清水――*法性水《ほっしょうすい》になることができた。法性水になったから雀の法性水、鳶の法性水と一つになり、今まで鳥の声など聞いたことのなかった広い邸内の樹木が、さらに色を増して鳥が群れ飛ぶようになったのだ。


（『正法眼蔵全講』「諸悪莫作・坐禅箴・三時業」）

*法性水――「法性」は、仏の真理・あらゆる存在の本来の真実なるあり方を言う。「法性水」は、精神的な浄化ができて、それが身心に満ち満ちている状態。
*編者注　中島藤吉邸の敷地はその後明治神宮の敷地の一部となったという。

◆「因果の道理」と「三時業《さんじごう》」

『正法眼蔵』には因果について次のように書かれている。

「およそ因果の道理は明白なもので、個人の事情など差し挟む余地も無いものである。悪を造る者は地獄の方へ堕ちて行き、善いことを成す者は極楽の方に昇る。この事は少しも違え

ることなく実現する」（現代語訳）

【因果の道理】

善因善果……善い事をすると善い結果を受ける。

悪因悪果……悪い事をすると悪い結果を受ける。

自業自得……自分がした事（因）の結果は自分が受ける。

【三時業（結果の現れ方）】

順現報受《じゅんげんほうじゅ》……善悪の行為の報いが、すぐ現世のこの身に現れること。

順次生受《じゅんじしょうじゅ》……善悪の行為の報いが、次の生を受けたときに現れること。

順後次受《じゅんごじじゅ》……善悪の行為の報いが、遥かずっと先の来世に現れること。

◆泥棒の名が付いたお寺

穆山師はよく、「無証文の借金をつくるなよ」ということを言われた。

それでこんな話をされた。

長吉寺か、宗吉寺かどちらだったか覚えていないが、その寺に泥棒が入った。和尚が日を覚ますと、泥棒が居直って、お銭《あし》を貸してくれと言い出した。

そこで、和尚がタンスの鍵を出して、好きなほど持って行けと、鍵を渡した。

泥棒が銭も着物もみな持って外に出かかると、

「これ、ちょっと待て」

「惜しいか」

「なーに、一句出来たから聞かせてやろう」

その句が、

先の世の　借りを返すか　いま貸すか

それに続けて、

「どうせ一度は返さにゃならぬ、とか、そういう意味のものだ。お前さんに持っていかれるのは、前世の借金を今返すのだ。そうすると借金の返済をすることができたのだから、苦はない、盗られたのではない、返しただけだ。また、もしわしに前世の借金が無いのであれば、今は貸しになるのだ。そうすると、借りたお前さんは、どうせどっかで返済せねばならないのだぞ」

泥棒の野郎、それを聞いて、

「へい、和尚さん、あなたの弟子にしてくだされ」

と坊主になってしまった。

その記念のために、泥棒の名を取り換えないで、お寺をその泥棒の名にしている。

そんなお寺が名古屋にある。

（『正法眼蔵全講』「諸悪莫作」）

二、熟し柿の坐禅

◆自分で自分をとりもどす（西有穆山の話）

坐禅は直《じか》に仏祖の正法三昧《しょうぼうざんまい》である事を忘れてはならない。光を回し、その光を自分に返して照らす。ちょうど太陽が東から出て、空を巡り、西の方に沈みかけて東の方を照らすようなものだ。回向返照《えこうへんしょう》という。よく自己の正智《しょうち》を回して自己の脚下を照顧《しょうこ》せよ。

如来の背中には光明《こうみょう》がある。彼の光明をもって自己を返照することだ。

人を見る目はあるけれども、自己を見る目のある人は少ない。一切のものを見極めるのは放光に属し、我にある知恵をもって我を見る、これを返照という。返照すると身心《しんじん》は脱落《だつらく》するのだ。

この身は四大《しだい》（地水火風）の寄り合った物だ。心は*霊霊照照底《れいれいしょうしょうてい》の物に映したもので、五年前見たもの、一〇年前聴いたものに奪われているのだ。それらは皆客塵煩悩《きゃくじんぼんのう》で外から来たもの、外から来たって借家している食客だよ。

その*六根より入った食客に、主人顔して蹂躙《じゅうりん》されているのは情けないことだ。それを知って食客を追放して、主人の席を取り返すのは、偏《ひとえ》に回向返照の功勲だ。返照すれば、自然に脱然《だつねん》として、世俗の人情妄想《もうそう》の外に居り、超然《ちょうねん》として地獄、極楽の外に居ることができる。これを身心脱落というのだ。

しかし、よくよく返照してみると、脱落させたものもなく、脱落するものもなく、何時《いつ》となく柿の渋の抜けた塩梅《あんばい》だ。（編者注　最後の二行は穆山本人のことを述べたものと思われる）

（『普勧坐禅儀提耳録』）

＊霊霊照照底—あなたの魂の奥深くにある霊的な領域、本来はからりと澄んだ所。ここはイメージとして捉えておき、あまり深く考えない。

＊六根より入った食客—六根（眼耳鼻舌身意）から、視覚、聴覚、嗅覚、味覚、触覚、意識として色々なものが心に入ってくる。それを六入《ろくにゅう》という。それが積み重なり、絡《から》み合って、あなたの人格になっているのかもしれない。六入が災いして煩悩となり心の中を支配しているのが普通。ここではその煩悩を食客と言っている。

◆坐禅の心得（西有穆山の話）

手は法界定印《ほっかいじょういん》だ。仏は右の手が上だ。菩薩《ぼさつ》は左の手が上だから降魔《ごうま》の印相《いんぞう》だ。わしらの印相は、菩薩と同じく降魔に属して左の手が上だ。

*正身端坐《しょうしんたんざ》、悟りが自らその中にあるのだ。有《う》の見《けん》もいかん。無《む》の見もいかん。

正身端坐して一寸も動かない。そっ首を斬《き》ると言われても、動着しないようにならないと真正ではない。坐禅の腹が動かないようになれば、行住坐臥《ぎょうじゅうざが》すべて坐禅となる。

*不思善《ふしぜん》、不思悪《ふしあく》、仏となる了見もなく、死ぬときは自若《じじゃく》として死ぬようにならなければ、真の修行ではない。首を斬るぞ、勝手にお斬りなさい、と言えるようでなければ駄目だ。

グンニャリしたり、窮屈に反《そ》ったりしては、坐禅にはならない。力んでもいかん、趙州《じょうしゅう》和尚の無無無と脊梁骨《せきりょうこつ》をつっ立てて力んでもいかん、これは坐禅にのぼせているので、惰弱《だじゃく》にグンニャリは気が引き立たないと思うからだ。

全体、心頭が坐相《ざそう》の上に現れているのだ。故に、坐相を見ていると、坐禅に身が入ったか、坐禅が手に入らぬかという事がよく分かる。

天童様（如浄《にょじょう》禅師）が御開山《ごかいさん》（道元禅師）の坐相を褒められたことがある。坐禅の形相を見て、その形相が正身端坐になっているか、正身端坐になっておらぬかを見れば、坐禅人の胸中が恰《あたか》も掌紋《しょうもん》を見るごとく明白に見透《みす》かすことができるのだ。

舌が上顎《うわあご》に着く、これはきっと着く。無理に着けずとも、自然に着く。文章に書くとやかましいが、こう坐ればこの通りにいく。これは坐相を言うところ故、書かなければならないから書くが、ぜんたい舌は長いから、上の顎にきっと着く。目は、常の通り開く。絵に描いた達磨のようにハダける（見開く）でない。また、開かないと眠気を催してくる。

慣れない者は口を塞《ふさ》ぐと、鼻だけでの呼吸ができない。慣れた者は自分の息が分からない位になる。

唾は飲みこんでもよいが、痰《たん》は飲みこんではならない。唾を吐くのは精気を疲れさせるから吐いてはならない。唾を飲めば身を潤す。弱ったとき、息を出せば身を疲れさせるから、スーッと息を飲みこむ、これには一息とあるが、二、三度まではよい。

兀《ごつ》は木のない山の突っ立った様を言う。

（『普勧坐禅儀提耳録』）

＊正身端坐—坐禅の作法に従った美しい姿勢。

＊不思善、不思悪—善と悪という二見を離れ、善悪を超越した状態のこと。

◆坐禅と不回互《ふえご》と平和（西有穆山の話）

坐禅して法を法に任せた時、決してわが身に苦はない。人法二空《にんぼうにくう》とはこれだ。わが身を天地の大道に任せ仏法に任せた時、「仏々《ぶつぶつ》の要機《ようき》、祖々《そそ》の機要《きよう》」坐禅の面目が現成《＊げんじょう》する。その時、身心脱落、思量、非思量《ひしりょう》と現成する。

眼あり色《しき》あり、相互に回り合って妄想が起こる。元来、眼にも色にも妄想はない。相互に回り合うところに妄想が起こるのだ。これを回互《えご》という。「不回互而成《ふえごにしてじょうず》」とある。これは、鼻は鼻の範囲を守り、眼は花を好いと見るのみ、そうする時、花は花の位を全うし、眼は眼の位を全うする。六根《ろっこん》が六境《ろっきょう》に対して染汚《ぜんな》しないのだ。これを不回互と言う。

日本は日本を治めて、他国の政治に関与せず、各国がその通りにすれば、不回互にして我が区域を出でず他を侵さない時、自《おの》ずから真の交際（外交）ができる。不回互の道理がそこに現成する。

耳が溺れなければ、耳の分際《ぶんざい》を全うする。これを不回互という。耳は声を聞くだけだ。よい声だ、今一曲聴きたいと思えば、耳の位を滑って向こうに行くから位を守らない。回互だ。不回互とはその位を守っていることだ。

六根はこちらにあり塵《じん》は向こうにある。それに対して位を犯さない。彼を欲しいと言えば、向こうの位を奪うから向こうの位を犯し、こちらも犯す。目は色を見ても溺れず、位置にも執着《しゅうじゃく》しないから坐禅の功徳《くどく》が現成《げんじょう》する。位置を守るときは位置にありながら位置を離れる道理がある。そこを公案現成《こうあんげんじょう》して脱落の消息現われるというのだ。故に、主人が主人の位置を守る時は、主人の位置を忘れるから、我を守るのだ。我を守る時、我を離れる。

坐禅する時、坐禅を離れる。主人が主人の位置を守りながら、そこを離れるから脱落という。それを「不回互而成」と言う。

（『普勧坐禅儀提耳録』）

＊現成―あるべきように成ること。あるがまま。

◆熟し柿が旨いのだ（岸沢惟安の話）

静岡に西有穆山禅師の信者がいて、その家によく行かれた。秋野孝道《あきのこうどう》禅師もよく行かれた。ある時、その家の主人がわしに向かって、

「穆山禅師はありがたいお方だが、どうも坐禅なされているところを見ると嫌《いや》になる」

と言うのだ。居眠りしたり、ぐにゃりぐにゃりして、坐禅の型が少しもない。そこにゆくと、秋野禅師はきちんとしていて立派だ。穆山禅師ももう少ししっかりなされたらよいだろう、と言うのだ。

そこで、秋野禅師の坐禅のお姿がありがたく見える時は、自分も肩を突っ張っている時だ。柿の実が風もないのにへたを離れて落ちると、五臓六腑をべちゃべちゃに出している。隣の柿の実がきちんと固くへたについていて、風が吹いても枝から離れないときと、食べてどちらが美味しいか。

と言ってやった。

その型にとらわれるのと、その型をはずれるのとある。いくらその型をはずれてぺちゃんこに大地に落ちて、五臓六腑を出していても柿は柿だよ。このぺちゃんこに大地に落ちた柿が*不会仏《ふえぶっ》法《ぽう》だ。型はもうない。

珍牛《ちんぎゅう》さまという方がおられる。眼蔵の大家だ。珍牛さまの眼蔵の孫弟子が月潭《げったん》さま、月潭さまの眼蔵の弟子が穆山さまだ。

その珍牛さまは、*あらゆるものにとらわれないように鍛えあげられたお方だ。珍牛さまの弟子に堅光《けんこう》さまという方がいた。この方は井伊直弼《いいなおすけ》公のお気に入りで、彦根の清涼寺という大きな寺に住職なされていた。

ある時、珍牛さまが彦根に行かれ、清涼寺の門前の宿屋に泊まっていた。風呂に入った後、浴衣《ゆかた》に手拭いをぶら下げた姿で清涼寺の門をくぐり、

西有穆山禅師の坐相　80歳代　西有寺にて
(『坐禅用心記提耳録』)

「堅光おるか」

と言われたのだそうだ。

お取り次ぎが出てびっくりして、狂人が来たと言った。そこで堅光さまが*絡子《らくす》を掛けて、玄関に出て見られると、兄弟子の珍牛さまだ。

「わしの所にそんな恰好で来るでない」

と言って引っ込んでしまうと、珍牛さまがにこりにこりして、宿屋に戻ってしまわれた。

たしかに珍牛さまは不会仏法だ。堅光さまの方は*会仏法。珍牛さまは、柿の実がへたを離れて大地に落ちているが、堅光さまはまだへたに着いている。

（『正法眼蔵全講』「坐禅箴・仏向上事」、『坐禅用心記提耳録』）


西有穆山が熟し柿の漢詩を残している。

見㆓熟柿㆒有㆑感
飽㆑霜飽㆑露爛㆓全身㆒。　柔似㆓羅綿㆒輭似㆑茵。
萬果秋残零落盡。　旨甘知歴㆓幾艱辛㆒。
（『直心浄国禅師語録』）

＊不会仏法—仏法の作法の枠をはみ出しているが、結果として仏法を極めているさま。
＊会仏法—仏法の作法通りにしているさま。
＊「あらゆるものにとらわれない」—我見を放り出し、仏の身心で物事を見、行動できること。身心脱落した状態。
＊絡子—禅僧が平素用いる小さい略袈裟。

三、箒《ほうき》のこすな

◆お悟りが腹の中にあると毒（岸沢惟安の話）

西有穆山師の句に、

掃除して　箒のこすな　花の下

というのがあった。

仕事が済んだら仕事を振り返るな。それが、どうだ、きれいになったろう。と、どうも箒が残ってならない。お悟りが腹のなかにあると、そのお悟りは毒だ。自分を殺す毒になる。

悟らねばならないが、それを持っていると毒になるから棄《す》ててしまいなされ。そして後を振り返らず、前を望み待つことなく、毎日の行動の至るところにおいて、自分が主人公となって、それが即心是仏《そくしんぜぶつ》だ。

気に入るの、気に入らないの、好きだ、嫌いだ。そのようなことは仏の言うべきことでない。それだから朝から晩まで、仏から仏につづき、仏から仏につづき、仏の一日だ。

（『正法眼蔵全講』「即心是仏」）

◆箒のこすな、陰徳《いんとく》に徹した西有穆山

西有穆山は『正法眼蔵』を解釈できる若手僧侶を数多く育てた事、廃仏毀釈《はいぶつきしゃく》の流れに敢然《かんぜん》と立ち向かった事、多大の金銭を社会に喜捨《きしゃ》した事などを自分では一切語っていない。弟子たちにも、余分な事は話すな、と命じていたことだろう。

まさに、陰徳に徹し、名利《みょうり》、名聞《みょうもん》をむさぼらず、母との約束である智徳兼備《ちとくけんび》の一禅僧のままに天寿を全うしたのではないだろうか。

西有穆山の言行の伝《でん》が失われることを危惧《きぐ》した弟子が書き残した小伝が、平成になってから世に出てきた。そこには、穆山の陰徳も記録されていた。

『本山出頭後続記《ほんざんしゅっとうこうぞくき》～可睡中興《かすいちゅうこう》四十七世《せい》穆山老師小伝』がそれである。

また、弟子の岸沢惟安、随身の丘宗潭《おかそうたん》、秋野孝道等によって、著作の中で西有穆山のことが紹介されている。特に岸沢惟安はその口述著書『正法眼蔵全講』で、随所に、先師は……、と逸話を紹介している。＊先師《せんし》とは亡くなった師匠に対して用いられ、西有穆山のことである。

＊先師――本書では一般の人にも読みやすいよう、先師を西有穆山師または穆山師とした。

四、喜捨《きしゃ》する穆山

◆得たお金は惜しげなく寄付した

仏典には四摂法《ししょうぼう》というものが示されている。他人との関わりの中では、人々や集団をまとめる（摂）ための手段・方法のことを言い、一個人の内面で言うと、人生をより良くするための心の置き方、とされている。ゆえに四枚の般若《はんにゃ》（智慧）とも言われる。四つの智慧とは、布施《ふせ》、愛《あい》語《ご》、利行《りぎょう》、同事《どうじ》のことである。

西有穆山は布施に徹底した人であった。

布施というと、檀家がお寺に差し上げるいわゆる「お布施」を思い浮かべるが、仏典では広い意味で、貪《むさぼ》らない事と言っている。有形の物や財産だけでなく、無形の心も含めて持っている力を分け与えなさいと言う。その際に、報謝《ほうしゃ》を求めてはならないと戒めてもいる。

西有穆山は報謝を求めないことの他に、寄付した事それ自体を他言していないからである。おそらく弟子たちにもかん口令を敷いていたに違いない。伝記などの書籍にも一切登場していない。

ところで、先に紹介した穆山の徳を伝える筆録は静岡焼津《やいづ》の旭傳院《ぎょくでんいん》にある。『本山出頭後続記～可睡中興四十七世穆山老師小伝』をみると、その序文に次のような一文がある。

「……その接衆や機鋒《きほう》を傾けず、諄々と子弟を陶冶《とうや》し広く闔界《こうかい》の衆生を哀憐《あいれん》す、実にこれ曠世《こうせい》の大器にして、その言行記すべきもの甚だ多し、従来侍者《じしゃ》等その人を得るといえども、いまだ師の言行を記する者を見ず、小子雛僧《すうそう》なりといえども、その伝の失わんことを恐れ、平素聞ける処《ところ》を記して、師の報恩《ほうおん》に浴するものに分かたんとす。これ此の僭越《せんえつ》の科咎《とが》、何の償うことかあらんといえども、然《しか》るに、他日師の徳行を慕うの士、或いは参考の一助に充てるべきもの歟《か》」（原文をひらがな文に書き改め）

この『本山出頭後続記』は年表の形式を取っているが、欄外の書入れに、寄付と思われるものが散見される。欄外なので正確な年度ははっきりしない。

明治九年頃からの寄付金
金五〇円曹洞宗大学林へ、金二五円浜松勧善社へ、金五円越後国木津村堤防費へ
金三〇円育児院へ、金一五円盲学校へ、金二〇円高等普通学校へ
金二〇円永平寺道路開削費へ
金一五円能州永光寺へ、金二〇円永平寺道路開鑿へ
金五円東京大道社へ、金一五円宇治興聖寺へ、金二〇円總持寺僧堂へ
金三〇円青森県湊村出火類焼の者へ、金一〇円静岡市類焼の者へ
金一〇円岩手県分校へ、金五円青森県八戸町慈善学校へ
明治二八年頃からの寄付金
金二五円日露戦争軍費に献納、金一〇円一宇の堂新築祝いとして八戸対泉院へ
金二三〇円浅草本然寺へ、金一〇〇〇円静岡可睡斎へ、金二五〇円横浜萬徳寺へ
金一〇〇円八戸光龍寺へ、金五五円八戸長流寺へ、金三〇〇円浅草永見寺へ
金一〇〇円青森県法光寺へ、金五〇円湯河原英潮院へ、金五〇円愛知育児院へ
紫縮緬幕一張（代金二三円五〇銭）大沢多聞より依頼され八戸長者山新羅神社へ
金一〇円秋田伝教青年団へ、金一五円秋田□□学校へ、金一〇円越後仏法青年会へ

金三〇円八戸小学へ

＊編者注　明治三〇年頃の貨幣価値は現在の約2万倍に相当する。

まだあった、西有寺に入る前に住職をしていた島田伝心寺の地元に、旗指《はっさし》という地区がある。そこに明治三〇年頃、疫病の疾病平癒《しっぺいへいゆ》と村内平安を祈念して恐山地蔵尊が創建された。平成一〇年頃、末永く由来を伝えるために、記念碑が建てられた。その記念碑に、西有穆山が恐山地蔵尊御分体の贈与並びに寄付金五〇円を与えた事が記されている。

　この他にも記録されていない寄付がかなりあると思われる。

（参考文献『本山出頭後続記』、『西有穆山禅師～没後百年を迎えて』）

恐山地蔵尊記念碑（由来記）
（撮影・八戸市大慈寺　吉田隆法師）

◆出家ゆえ当然（西有穆山の話）

「弁道話《べんどうわ》」に「出家人は、諸縁すみやかにはなれて、坐禅弁道にさわりなし」。さあここでよく合点しろよ、みんな何のために出家した。

すでに棄恩入無為《きおんにゅうむい》というではないか、世情塵縁《せじょうじんえん》を抛捨《ほうしゃ》して一向に仏道を修行し、これをもって九族六親、世世生生《せせしょうじょう》の有恩《うおん》に回向《えこう》し、六道《ろくどう》の衆生と手を取り合って性海《しょうかい》に朝宗《ちょうそう》する、そこではじめて出家と言われるのだ。

一家を出て一家に入る、それでは出家商売じゃ、それくらいなら在家におる方がましである。

（中略）

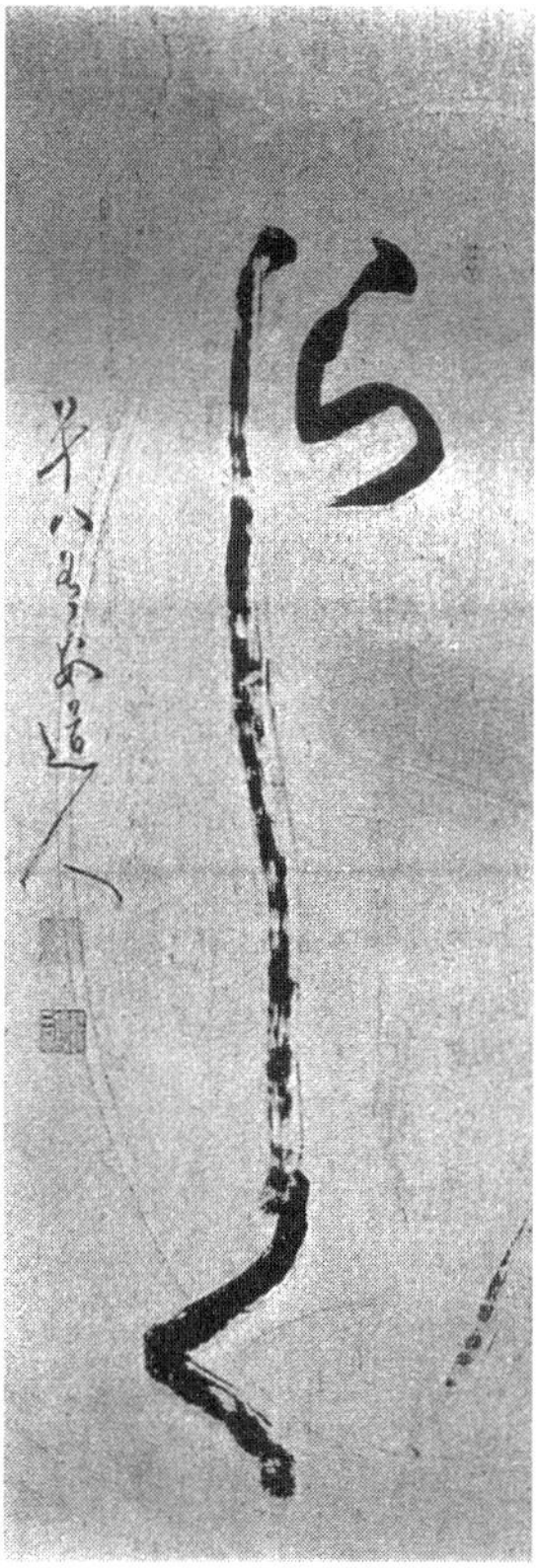

「らしく　八十八有安道人」
西有穆山書（『禅戒の要訣』）

しかるに今日はどうか、坊主は楽でよい、坊主でおればどうにか食うに困らぬからと言う。何という腑甲斐《ふがい》ないことじゃ。食うということがそれほど苦になるか、犬や猫でも食っておるではないか……。

そうしたものでない。出家というのは、諸縁すみやかに投げ捨てて一向に精進弁道するのだ。古人の偈《げ》を見よ、「閑坐林樹間、寂然得一心、此楽非天楽」と、今の僧にこの味が爪の垢《あか》ほどもなめられたら大善知識じゃ。

もし出家を商売にするくらいなら、そんな罪造りをせずとも、商売は世間に幾らもある。何でも立派に働いて金儲けするがよい。儲けた金で贅沢《ぜいたく》するに誰が何というものか。出家はそうでない、世事はあずからぬ、ただ人に法益《ほうやく》を及ぼすのほか、世間に何らの恩をも与えぬ。世俗を出たとはいえ、生きてる間は世俗の厄介にならにゃならぬ乞食《こつじき》の境界《きょうがい》じゃ。乞食が欲をかいて贅沢したがるという法があるか、これはおどけではない。

出家の生涯はただ、縁まかせがよい。衣食《えじき》に乏しいといって決して憂うるには及ばぬ。衣食が十分になれば、必ず欲情に誘われて学道を退転する。されば古人大福長者であった人が、みな産を抛《なげう》って乞食せられたのはこれがためである。

（『本山出頭後続記』、『正法眼蔵啓迪』「弁道話」）

五、仏法ショートショート

◆方角と仏法を試験する（岸沢惟安の話）

西有穆山師が可睡斎《かすいさい》におられた頃に、*方丈《ほうじょう》が無かった。それを建てる時に、此処《ここ》と決めようとすると、家相を見る人が、そこに建てると方角が悪いから住職の身に悪いことがあると小言をいった。

そのために檀家がぐずぐずして建てようとしない。そこで、穆山師が、

「わしの留守中に建てておけ」

と、やかましく言って、江湖会《ごうこえ》に出られた。

戻って来ても建てていない。そこで、かんしゃく玉が破裂したのだ。しかし、檀家の者の言うことも無理はないのだ。

「方丈様にもしものことがあってもなりませんので、実は遠慮していました」と言うのだ。

それで穆山師が、

「よし、わしが犠牲になる。方角が人を殺すかどうか試験する。同時に仏法の力を試験する」

と言って、それから毎日毎日「*消災呪《しょうさいじゅ》」を読んだ。

「なーに、一六年間も住職していたが、何のこともなしに済んだよ。方角に束縛《そくばく》を受けて、縮こまってしまって病気をするのだ。それをぶち切る勇気がなければ、仏道修行者ではないな」と穆山師は言って、笑っておられた。

へぼな住職が、とらわれて縮こまってしまうと、命を取られる。豪傑が道力を試験すると、方角が道力のためにぶち破られるのだ。だから、善とも悪とも決まらない。

（『正法眼蔵全講』「諸悪莫作」）

*方丈―寺の中にある住職の居間、狭義では住職を指すことも――方丈様。
*消災呪―災厄《さいやく》を除く真言。

◆宝珠《ほうじゅ》の賛（岸沢惟安の話）

穆山師はよく宝珠を描かれたが、その図の上には決まって、「福寿如意《ふくじゅにょい》」と書かれた。

一度お墨すりを手伝っていて、「あなたはいつでも福寿如意とお書きになりますが、何か他の書き方はありませんか」と言うと、

「うん、それもよいが、わしがこれを書くのは、人々が皆、自らが福寿如意なるにもかかわら

ず、それを自覚していないからだ。福寿というものは、自分の思う通りになるものだという事を自覚させたいのだ。宝珠の賛はこれに限るのだよ」
と話されたことがあった。

仏に福徳が円満であるならば、わしどもも確かに福徳円満なものであるが、それを自覚しないから、不足を言うのだ。受けがたき人身を受け、遇い難き仏法に遇いたてまつり、とても不足など言われるものではない。どうしてこの自分に不足など言えるものか。

確かに自らに福徳智慧が円満具足《ぐそく》しているのだ。

ただそれに気が付かないばかりだ。早くそれを自覚して、自己に感謝するがよい。

（『正法眼蔵全講』「帰依三宝」）

宝珠　賛「福寿如意」
穆山八十八翁
（八戸市　對泉院所蔵）

◆生死《しょうじ》（西有穆山の話）

生死は車の両輪の如くで、造化自然《ぞうけじねん》の機関だ。生《しょう》という機関があるから死という機関もある。自然なものだ。

しかるに生にばかり執着して、どうか何時までも生きていたいという念がやまない。そこで死を恐れることになる。

よく思え、馬鹿な話でないか。いかに生きたいと思うても死ぬ時が来れば、どうでも死ななきゃならない。また、どうでも良いと思うても、死ぬ時が来なければ死ねない。その及びもつかぬ生を何でもかでもと貪《むさぼ》ってみたところでどうにもならない。ここをよく決着するがよい。

また生死があるから仏祖も出世《しゅっせ》*なさる。我等も成仏できる。生死は新陳代謝の機関だ、これほど結構な機関はない、宇宙の大機関だよ。自己の決着さえできておれば、生死はまことに楽なものだ。

ところがここに、恐るべきことが一つある。それは何だと言うに、生あって生を尽くさず、生の勤めをしない、死にあって生に執着してぐずぐず迷う。これは実に恐るべきことだ。

（『正法眼蔵啓迪』「身心学道」）

*出世―この場合は、衆生救済のためこの世に姿を現すこと。

◆解脱《げだつ》はむずかしくない（岸沢惟安の話）

あるとき穆山師が、

「お前たち洋傘《かさ》をさして、下駄《げた》ばきのまま本堂に上がって来てはならぬぞよ」

ということを言われた。

「五円もする下駄を置き、二〇円もする洋傘を土間《どま》に置いておくと、わしの洋傘や下駄が取り替えられはすまいかと、本堂にいても、腹の中で、そのことばかり気にしている。だから本堂に居てもちゃんと下駄と洋傘を持っていて、離さないでいる。大切な物だというと相手にして、離さない。相手にしているから、いつまでも束縛を受けているのだ」

ところが、

「お前たち、お便所の草履《ぞうり》を脱いで出てきても、振り返りもしないだろう。それが解脱だ」

そう言われた。

すべてとらわれるとか、束縛を受けるというのは、相手のあるときに束縛を受けるのだ。相手のないときに束縛などということがあるわけがない。束縛するものもなく、束縛されるものもないとき、いつでも解脱しているのだ。

（『正法眼蔵全講』「坐禅箴・栢樹子」）

◆一言で仏法を言え（岸沢惟安の話）

西有穆山師が維新間もない頃、盛岡にお授戒に行かれた時のことだ。

仙台から盛岡にかけては、支倉常長《はせくらつねなが》がローマに行って帰って耶蘇教《キリスト》を伝えたから、その地方は昔から耶蘇信者のいる所だ。

その時も耶蘇信者の斉藤という弁護士が穆山師を訪ねて来て、拝謁《はいえつ》し、

「わしどもは忙しい職業の者で、一週間などとても暇がありませんから、長い話は困ります。仏法の一番大切なことを、どうぞ一言で分かるようにお話ししてくださいませんか」

と言うから、穆山師が、

「一言で話せと言えば話さぬことはないが、一言で話してもおそらく呑《の》みこめまい」

と言われると、

「何故分からないのですか。あなたのお口から出た言葉が、わしの耳に入るのですのに、何故分からないのです」と、なかなか引き下がらない。

「そうか、それなら話してやろう」

「何が仏法ですか」

「貴公だ」

「そんな訳の分からないことを言わずに、もう少し分かるように……」

「一言で仏法を説いたのだ。分かるまいがな」

「分かりません」

「それだから、おそらく分かるまいと言っているのだ」

それから、その耶蘇信者が盛岡一番の仏教信者になり、やがて頭を下げて、自分の舎弟《しゃてい》を弟子にしてもらったということだ。そういうものだよ。仏法の大意の解らないうちに、一言で説いて聞かせても、分かりようはないのだ。


（『正法眼蔵全講』「仏向上事・谿声山色」）

「ぶるな
八十九有安道人」
西有穆山書
（『禅戒の要訣』）

◆観音様の先祖になる（岸沢惟安の話）

東京帝大の第二期に、辰巳《たつみ》という文学士があって、日本で最初に社会学という学問を設けたというので、流行児となっていた。大阪に招かれて講話にゆき、その帰りに可睡斎に立ち寄った。穆山師が住職しておられたときだ。

「西有さん、あなたは観音さまの信者だということですが、本当ですか」

「本当だ」

「観音さまは歴史上の人ですか、仮説の人ですか」

「実在の人だよ。釈迦牟尼仏の時代においでになって、釈迦牟尼仏を補佐なされたお方だ」

「大学では、観音さまというのは、釈尊の慈悲をあらわしたもので、実在の人ではないということに決まりました」

「そうか、それはよいな」

「どうしてですか」

「おれが観音さまのとおり実行して、観音さまの先祖になってやろう」

穆山師がそう言われると、辰巳があきれて帰って行ったということだ。

けれども『観音経』の実行者は観音さまだよ。だから釈尊の時代に、『観音経』を実行していた補佐の人があったのだ。間違いはない。ありもしないことをお経に書くわけはない。だから実在の人なのだ。もし無ければ、わしが観音の先祖になるというのだから、確かに実在の人だ。

（『正法眼蔵全講』「梅華・仏向上事・観音」）

◆東司《とうす》に弾指《たんじ》（岸沢惟安の話）

穆山師は東司（便所）に上がるときに必ず弾指されていた。弾指しないではお便所に入られなかった。

それを坦山和尚が、

「便所の神様（烏枢沙摩《うすさま》明王《みょうおう》）が在るかないかも分からないのに、弾指して注意を与える必要はない」

と言って評すると、

「在るかないか分からないが、わしはやるだけのことはやるのだ」

穆山師はそう言っておられた。

それだな。相手を見るでない。やるべきことはやるのだ。

「ただ彼が報謝をむさぼらず」（正法眼蔵菩提薩埵四摂法《ぼだいさったししょうぼう》）

総《すべ》にご利益《りやく》など願わない。三宝に用はない。極端に言えば、三宝は在るかないか分からないけれども、罰の当たる当たらないはともかくとして、「わしはやるべきことはやるぞよ」だ。

（『正法眼蔵全講』「夢中説夢」）

◆なぜが余計（岸沢惟安の話）

穆山師はよく言われた。縁の下の塵埃《じんない》までが主人の身だ。塵埃をどうすることもできないと言うのだ。塵埃を塵埃としない時に、塵埃が清浄《しょうじょう》だ。お銭《あし》をお銭としない時に、お銭が清浄だ。だからそのものには咎《とが》はない。そのものを相手にした時に、咎が生じてくるのだ。

それだから本堂は本堂でおき、便所は便所でおく。その時に本堂も清浄なれば、便所も清浄なのだ。お便所で手を洗う時に、右手で柄杓《ひしゃく》をとって左手を洗い、左手に持ちかえて、右の手を洗うのだ、と教えると、なぜ左手を先に洗いますかと言う。

そのなぜが余計なのだ。それが理屈抜きにならぬと本当ではない。どうもこのなぜというのが解脱できないのだ。これを解脱するのは容易のことではない。

（『正法眼蔵全講』「栢樹子」）

◆自力も他力もお釈迦様の教え

西有穆山は、他宗信徒の求めにも応じて気軽に書いてあげたようである。「南無阿弥陀仏」の書は各地に多数見受けられる。また、浄土宗の開祖法然上人の『一枚起請文《いちまいきしょうもん》』を記した書が八戸市の旧家に残されている。

穆山は、「自力も他力も、これらはみなお釈迦様のお説きになったものだから、自分の宗旨は良くて他の宗旨は良くないとかの言い争いはしないように」と戒めている。

「『南無阿弥陀仏』穆山敬書」（八戸市十一日町　本覚寺所蔵）

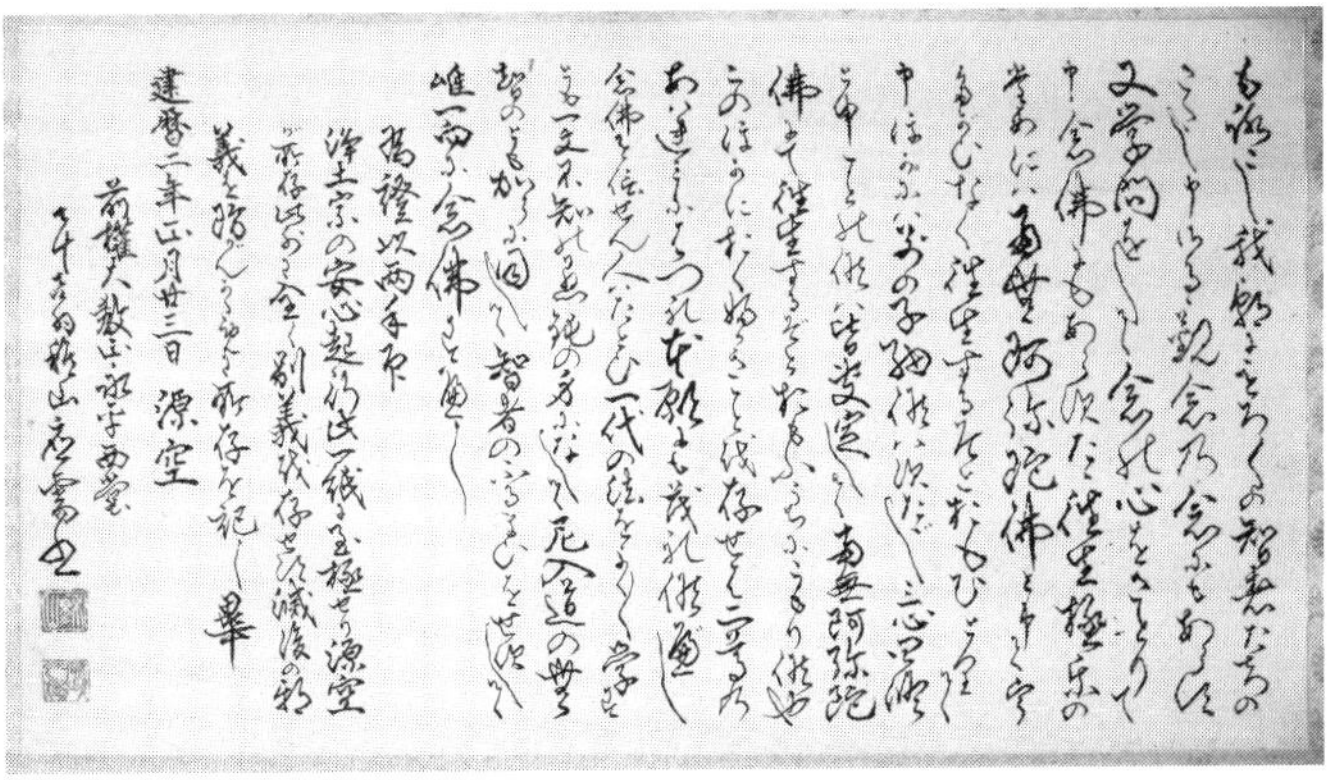

唯一向に念仏すべし
為證以両手印
浄土宗の安心起行此一紙に至極せり　源空が所存此の外に全く別義を存せず滅後の邪義を防がんがために所存を記し畢
建暦二年正月廿三日　源空

「法然上人『一枚起請文』」西有穆山筆
（八戸市　工藤新吉氏所蔵）

六、坦山《たんざん》和尚を許さず（岸沢惟安の話）

雲照律師《うんしょうりっし》が坦山和尚を訪ねた

目黒の雲照律師が、ある時原坦山《はらたんざん》和尚を訪ねられた。そのころ坦山和尚は毎晩に晩酌をやることに決めていたのだ。たくさんはやられないが、嬉しそうに召し上がっていた。そこに雲照さまが訪ねて行かれた。そこで坦山和尚は、自分で好きなものだから、雲照さまに酒杯《さかずき》を差し出したのだ。ところが、雲照さまは、日中一食《にっちゅういちじき》が決まりで、朝も晩もご飯は召し上がらなかった。十一時に一度召し上がるだけで、午後になるともう葛湯《くずゆ》すらお摂《と》りにならなかった。それほど精進を勤めておられたのだ。そこが律師の値打ちで、律師という以上は、もう一日一食が決まりなのだ。

それほど厳重に律を守っているお方だから、お酒など召し上がるわけがない。

その雲照さまに酒杯を差し出したのだ。

坦山和尚の重罪

十善戒《じゅうぜんかい》の中に、不飲酒戒《ふおんじゅかい》というのがある。わしらの方では不酤酒戒《ふこしゅかい》、――酒を酤《う》らないというが、十善戒では不飲酒だ。また四十八軽戒《しじゅうはちきょうかい》の中にも不飲酒戒がある。どちらから言っても、律師たるもの、お酒を飲まないのが決まりだ。ことに四十八軽戒の不飲酒戒の中には、他人に酒杯を差し出して勧めたりする者は、七生《しちしょう》の間その手首が落ちる。――そういうことが言うてあるのだ。それほど罪が重いというのだな。

それをいま坦山和尚が、律師に酒杯を差し出したのだから、坦山和尚は重罪を犯している訳だ。

抗議の問答

それで雲照さまが、

「これはけしからん。わしに酒杯を差し出すとはどういう訳だ」

と言われた。すると坦山和尚が、

「ふむ、あなたはお酒を飲まれないのか」

その時に雲照さまが、いまの四十八軽戒の中に、他人に酒杯を差し出すと、七生の間その手首が落ちると言うてあるのを言って、

「貴僧もそれをご承知でしょう」

と言われると、坦山和尚が、

「酒を飲まない者は人間ではない」

と、ひどく蹴落《けお》としたのだ。これは坦山和尚が雲照律師を試験したのだろう。

罠《わな》にはまる

そこで雲照さまは、躍起《やっき》となって、

「人間でなければ何です」

みなされ、雲照さまには、もうこのとき、*瞋恚《しんに》が起こっている。また酒を飲まないという考えから言えば、いわゆる正戒《しょうかい》の相を取っている。お酒に染汚《ぜんな》されている。おまけに、人間でないと言われて、腹を立てている。やっきりして、「人間でなければ何です」と決めつけてきたから、
坦山和尚が、

「仏さまだよ」

そう言われた。

それで雲照さまが、仏さまだよと褒《ほ》められたものだから、喜ばれてにっこり笑った。

そういう公案があるのだ。

*瞋恚——自分の気持ちに反するものに対する怒り。

世間の評判

それで世間の人がこれについて、雲照さまが坦山和尚にかつがれたと言うて、坦山和尚を褒めて、雲照さまを蹴落とすのだ。ずっと昔の公案の、婆子《ばす》が徳山《とくさん》を蹴落としたのと、坦山和尚が雲照さまを蹴落としたのとよく似ている。

穆山師の裁決

ところでこの公案は、まだ半分しか出来ていない。雲照さまの力も、本当の力が出ていないし、坦山和尚も、本当の力が出ていない。

そこで穆山師が、この公案を裁かれて、

坦山和尚が、「仏さまだよ」と言って、雲照律師を地獄に突き落としただけで、そこから引き上げる手を授《さず》けておらぬ。だから雲照律師がその地獄から出ることができないのだ。

坦山和尚に本当の力があるならば、なぜ雲照律師がにっこり笑われた時に、さらにもう一段の手を下さないのか。あるいは一喝《いっかつ》を下すとか、一棒《いちぼう》を与えるとか、言葉で言えば、「貴様はそれほど仏さまと言われて嬉しいのか」と言って、その仏を取り上げてしまわなければ、坦山和尚に本当の力があるとは言われない。その仏を取り上げた時に、初めて雲照律師は地獄から出ることができるのだ。

そういうことだから、確かに雲照律師が仏縛《ぶつばく》を受け、ほとけ地獄に落ちているのだ。それを救い出すのが仏祖の慈悲心だ。それを自分で突き落としていながら、救い上げる手を授けないということは、坦山和尚が修行力の足りないということを自白しているのだ。坦山和尚が最後の手を下さないから、雲照律師の最後の力も分からずにしまった。仏だよと言われて、にっこり笑って喜んだ。

それで済んでしまったが、これが真個の*衲僧《のうそう》であれば、雲照律師は、仏だよと言われた時に、人を馬鹿にするなよ、わしがそんなにありがたいと思うか。と、坦山和尚の横っ面を殴りつけるか、お尻でもまくって見せるか、なにかその仏にも用のない働きをせねばならない。

その働きの出た時、初めて雲照律師の力が現われるのだ。けれども坦山和尚がなすべきことをしなかったから、雲照律師のその力も現われずにしまった。

だからこれは、未了の公案、結局のつかない公案だというのだ。

と、坦山和尚と雲照律師の因縁について、穆山師はこのように裁かれた。

雲照律師が平生において、正戒《しょうかい》の相をとっていた。その正戒の相をぶちこわしてやることを知らないのだ。七生の間その手首が落ちるのは承知のうえだ。口を割って酒を注ぎこむぞ。そう言って正戒の相をぶちこわしたらどうだ。何故それができないのだ。それをただ、この馬鹿坊主め、と見ているだけでは、仏の慈悲心が欠けている。
それだから穆山師も、坦山和尚を許されなかったのだ。
（『正法眼蔵全講』「心不可得」）

＊衲僧――禅僧の自称。

七、仏法の今（ただし明治期）

◆仏法のありがたさ（西有穆山の話）

老人（月潭《げったん》老人）が常に言われたことに、「私はご維新の時には、死ぬことなどは、なんとも思わなんだ。まだ仏法のある間に殺されれば本望だと思うておった」と言われたが、志ある人はその通りじゃ。今はそうでない。仏法が衰えて詰まらぬから、還俗《げんぞく》して銀行の番頭にでもなろうというのだから、型にならぬ。肉体をもって仏法の巣窟とする下劣根性が、ありありと透けて見える、それではならぬ。実に仏法は難値難遇《なんちなんぐう》じゃ。われらが無始《＊むし》の無明《むみょう》を根治して、大解脱の境界を得ること、仏法を除いてあるものでない。われらは実に福人じゃ。その有難いことを知らぬというは、悲しむべきことじゃ。

（『永平家訓私記』）

＊無始の無明 ― 限りなく遠い昔からの罪業。

◆在家の化導《けどう》（西有穆山の話）

ここに於いて皆よく真の発心《ほっしん》を知れ。皆は捨つべきを捨てず、行うべきを行わず、果報ばかりを求めるゆえ、決して修行にならぬ、仏法にならぬ。――また、自のため他のためと言わるるが、これを今日実際に参じてみよ。何をか自といい、何をか他という。みな、開山《かいさん》に在家の化導がないと言って、連《しき》りに心配するが、何のことじゃ。そんなことじゃによって、とても宗門の発展は出来ぬ。堂々たる管長閣下が、大内善知識に依頼して、『修証義《しゅしょうぎ》』を作って貰って、やっと在家の安心が出来たと恐悦がる、その様は何じゃ。開山のは一仏法じゃ、一法身《ほっしん》じゃ。自行《じぎょう》の外に化《け》他《た》なく、化他の外に自行はない。

（中略）

開山の家訓も知らず、仏法の何物たるをも弁《わきま》えず、放逸無慚《ほういつむざん》にしておって、わずかに大内居士のお蔭で在家化導を説く、そんな者どもに済度されたら、それこそ実に大災難じゃ。開山は一仏法じゃ。菩薩聖人に自他はない、これを思え。

（『永平家訓私記』）

◆婆言《ばごん》七條

明治十四年、西有穆山は『敲唱会《こうしょうかい》』の設立を図り、同門の有志を募って、世の僧侶たちの品行を正そうとした。この敲唱会における西有穆山の演説が『仏教演説雄弁集』に掲載されているので、それを現代語に直し要約を記しておく。

婆言七條

一、学歴のある学生や大人が仏教を信じない事は、外国の宗教が入ってくる事の害よりも甚だしい。文部省は大学にインド哲学科などを設けるようであるが、そのうち仏教を頭ばかりで明らかにしようとするばかりで、仏教を信じなくなる徒《ともがら》が出てくるだろう。世の中、そうした連中の説得に負けて、信心を失うかもしれない。これからは、そうした学歴のある者たちを感動させ、仏法に帰依させる手段を持たなければならない。

二、人を感動させるのは、説教演説であろうか、それとも道徳品行であろうか。説教演説に感動した者と、道徳品行に感動した者、どちらが深く心に感じるであろうか。学問をする者は説教演説に感じると思うか、道徳品行に感じると思うか。そもそも仏法を教えるのは学問を志す者のみにしてよいのかどうか。

三、真宗は末世《まっせ》の人情に応じてつくられた宗派であるから、他力《たりき》専念の易行《いぎょう》ゆえ、僧侶に戒律はない。わが宗はどうか。今後、公然と肉食妻帯《にくじきさいたい》を許し、直指見性《じきしけんしょう》の身を捨てたらどうなるか。檀徒《だんと》を勧めるのに法力勇猛とはいかないだろう。法力勇猛の力をもってしても、人を感動させる事が難しいのに、フニャフニャでは到底感動させることは出来ない。

四、外国の宗教を防ぐのに学才を振りかざして弁舌をまくしたてるのは、腕力の争いと同じことだ。弁才に頼らず専ら道徳品行をもって人々の心を伏させる事は、迂遠《うえん》ではあるが、腕力の争いには至らない。大難にも平々坦々とし、持戒不動《じかいふどう》、梵行確乎《ぼんぎょうかっこ》、不抜《ふばつ》の決意で、外国人をも感動させて、仏教に帰依《きえ》させようとの志があれば、わが境界《きょうがい》は保たれ、社会も侵されることはない。もし、国力が弱く他国に圧せられても、宗教界が持戒梵行の道徳あるときは、撲滅《ぼくめつ》させられることはない。

五、書誌に掲載されている僧侶有志の論文は、外国宗教の侵入と布教の盛んなことを憂えているが、肉食妻帯《にくじきさいたい》を論じているものはほとんどいない。すでに肉食妻帯している人に斟酌《しんしゃく》しているのか、また時代がそうだからもはや制すべき事でないというのか。少し下がって論者の意を汲んだとしても、知弁学才をもって説教演説し宗旨を説き、法式《ほっしき》通りに鐘を鳴らし読経していれば、法城厳護《ほうじょうげんご》と思うなら、吾輩の思想とは大いに異なる、反対のことだ。

何となれば今、学校講演はもちろん、説教といい演説といい、それに各宗派の行事をいろいろやっているのは不足していない。不足なのは道徳、品行、気概である。不足なものを充足していけば、仏法も堅固なものになっていくのだ。しかるに、この不足していることを論ぜず、十分やっている事ばかりを論じているのは何だ。吾輩の最も怪しむところである。国の一大事である。

六、我が国の周りを見るに、安心していられない。ロシアはウラジオストックに要港を設けている。また、朝鮮、中国に侵入しようとしている。こんなとき、国民として徴兵《ちょうへい》を避けようとしている僧侶もいるし、蓄妻《ちくさい》して寺とは別の戸に住むものもいる。仏法の衰弱を憂えない者は国の危機も何も考えてはいない。憂国の者はどこに居る、不平頑固の者はどこに、民権拡張を唱える者はどこに、政府を思う者、安閑姑息《あんかんこそく》の者それぞれどこに、一々考えていたら実に寝食も安んぜられないところである。客観的に見ている者もいるぞ、時事新報に僧侶論として、「今の僧侶は古《いにしえ》の出藍《しゅつらん》に反して、俗より出でて俗よりも俗なり」と、諸君はどう思うか。

七、国王大臣に近づかず、慈悲をもって庶民を助けることだ。維新以来京五山十刹、鎌倉の古刹、徳川建立の大刹、みな衰退甚《はなは》だしい。依って立つものは依って倒れる。独立不羈《どくりつふき》のものはそれらの外にあるので安泰である。顕貴《けんき》にへつらわず、華美に倣《なら》わざるをもって、世の悪にも染まらない。

外国の宗教は新旧分派の争いで、殺し合いまでしている。戦争殺戮《さつりく》が絶えない。しかし、インドの仏教徒は殺された者はいない。仏法は戒律あって妻子なく、世界との富の関係がないのでそうなのだ。肉食蓄妻を絶ち、確乎として不抜の志で、祖規祖風《そきそふう》を慕う宗門をつくれば、仏教拡張はたやすいことだ。

（『仏教演説雄弁集』）

八、仏法の将来（西有穆山の話）

◆将来、それはもう駄目だ

仏法の将来か、それはもう駄目だ。今の坊主どもがいくら騒いだって何の効果もありゃしない。寺はたくさんある坊主も大勢いるが、肝腎の道心というのが念頭にないのには困ったものだ。葬式や法事は始めから商売のように考え、ただ寺があるから寺に住んでいるだけで、何の仕事もしようとは思わない。

信仰がどうの、宗教がどうのと、理屈はいくらでも言えるけれども、真実の道心にいたっては、全く塵ほども無いのだから仕方がない。

仏教の第一は無常を観ずることで、無常を観じて仏法に入り、真実の道心を目指して修行し、出家得道の本意を貫くのが坊主なのだよ。今の坊主は、何が道心だか、何が仏法だか知りやしない。このようなことでは、真実の仏法が盛んになっていくはずがない。

もちろん、昔の坊主だって偉い坊主ばかりいたのではない。ずいぶん馬鹿者もおり、仏とも法とも知らぬのがたくさんおったに違いない。しかし、今日の坊主のように、無道心のものはあまり居なかった。おしなべて志が篤《あつ》いということが、昔の坊主の特色であった。

それが今日の坊主ときては、みんな無道心で、むやみに学問ばかりしたがっている。学問も結構ではあるが、無道心の寄り合いでは仏法の前途が案じられるばかりだ。（『禅床夜話』「垂戒一則」）

◆五〇年や一〇〇年はもつだろうが

これからよくよく世の中のことを考えて、どういう布教をして、どういう所でこの仏法を維持していくか考えることが大切だ。だんだんに世の中が進歩してくると、今までのようにはいくまい。そうかといって、ただ女房を持ち、魚、肉を食って、在家と同じようにして行くということも如何であろうか。

この先の布教ということについても、人の成し難きを成し、行い難きを行っていかなければ、世の中の人々を屈服させることはできないだろう。

これから、長い間に人智が進んでいくと、迷信と同じように仏法も衰えてくるだろうから、その時に、お互いに新たに本当の布教をしなければならぬだろう。

まぁ〜、五〇年や一〇〇年は、今までのような商売も行われるか知らんが、これがだんだん進んで来ると、必ず衰えてくるぞ。

ただ自分一代だけ我慢をして何とかなればよいというだけではいけないのだ。

私も及ばずながら、将来はどうかと考えてみると、心配でたまらない。もう五〇年も生きて居って、世の中の変化を見たいが、そうもいかない。お前たちはこれから楽しみである。こういう世の中に生まれたのは幸せである。

（『西有禅話』「垂誨」）

九、西有穆山が最も言いたかったこと

◆『安心訣《あんじんけつ》』

明治二三年、西有穆山は信徒や雲水たちのために『安心訣』というものを著した。信仰に迷う者のために、と奥書にある。「安心」とは、教えを聞いたり、修行を積むことで、心の動くことのなくなった境地のこと。「訣」とは、一番大事なところを一言で言いきった秘伝という意味である。

序文に続けて第一条から第一〇条までの心得を述べてあるが、広く仏教徒に向けたものとも言える第一条の前半と第一〇条を現代語に直して記す。

第一条

お釈迦様の功徳が行き渡っているこの世（娑婆）に生まれ、生まれ出《いず》ることの難しい人間の身を受け、しかも遭遇することも難しい仏法に出逢えたことは、本当に幸福なことである。だから、人間に生まれたあなた自身がこの人生を安らかで有意義な方向に進んで行こうとするのでなければ、いったいどこに向かって生きて行こうとするのだろう。少しも心安らかな境涯を得ることとなしに人生を終えるのであれば、鳥やけだものと何ら変わることはない。

安らかで心の豊かな人生を得ることは容易《たやす》いことだ。それは、あなたの身心に存在する色々な欲、すなわち煩悩《ぼんのう》を捨て去ることである。

煩悩を捨て去ることは少しも難しくはない。それは、お釈迦様の教えにある三宝《さんぽう》、すなわち仏（仏陀）、法（仏陀の教え）、僧（僧団）に対して深く信仰の心で接する（帰依する）ということだ。

邪《よこしま》な心を翻《ひるがえ》して三宝の信仰に戻る（翻邪帰正の三帰《ほんじゃきしょうさんき》）とも言う。——以下略

第一〇条

ほとんどの人は気付いていないだろうが、恐るべきものがある、本当に恐るべきものだ。恐るべきものは「因果」というものだ。

因果には道理があり、それは少しも誤魔化《ごまか》すことのできないもの、また心の中で少しばかりと思っても欺《あざむ》くことができないものである。

因果に目を背けて、周囲の人々や社会を欺き誤魔化す生活を送るならば、とうてい心安らかな生涯を送ることはできないだろう。人生の終わりに際してすんなりと死を迎えることは難しくなってくる。

もし誤って、世間を欺き誤魔化す生活を送って来たならば、それらの行いを懺悔《さんげ》するべきだ。自分でしでかした間違った行いを隠したり、行いに上塗りをして言い訳したりしてはな

らない。

人間が生まれそして死ぬことは、その人の思い通りにはいかない。人生は長いようでも、あっという間に生死のことは進んでしまう。時は人を待たない。

自分よりも大きな大きな仏の功徳の下、生活を慎《つつし》み、言動を慎み、飲食にも慎みをもって生きて行くことだ。仏教徒が心安らかに暮らすためには、煩悩を捨て去り、三宝に帰依することが大切である。

一つの仏様の名号《みょうごう》を唱えなければ心安らかになれないという人は、専《もっぱ》ら西方の極楽世界の阿弥陀如来の念仏を唱えて、極楽浄土に往生することを願うということも、また妨げられるものではない。

自力往生を願う人は、己の心を静かに平らかにして摂《おさ》め、そのような自分と向き合い高める（止観理入《しかんりにゅう》）ことを主とし、阿弥陀仏にすがる浄土門を従とする。

一方、念仏を唱えて他力往生を願う人は、自力の坐禅などしてみるのもよいだろう。両方の考え方をもって仏道に参じてみることも、古《いにしえ》の人の例もあり、これまた妨げるものではない。

自力も他力も、これらはみなお釈迦様のお説きになったものだから、自分の宗旨は良くて他の宗旨は良くないとかの言い争いをして、互いに誹謗《ひぼう》することはしないように。

お釈迦様がお説きになったすべての教え（一代蔵経）は、お弟子である摩訶迦葉尊者《まかかしょうそんじゃ》に委ねられ、その流れを汲む吾が宗は仏法の総府である、と中国宋の天童如浄《てんどうにょじょう》禅師から吾らが高祖道元禅師に指し示して教えられたことなのだ。

それが故に、吾が宗徒は一つのお経、一つの論陣、一つの仏様、一つの側に偏ることは避けなければならない。思い立ったら直ぐに仏法の世界に身心を投げ入れて、ただひたすらに南無帰依仏《なむきえぶつ》と唱えることが必要である。敢えて極楽浄土への往生を願うには及ばない。ただ一心に南無帰依仏を唱えれば、十方の諸仏自《みずか》らが憐れみを垂れて救ってくださり、必ずや、悪い世界に堕ちることなく、人生の終りには安らかな成仏へと導いてくれる因縁がつくられるのである。

明治庚寅（一八九〇年）四月

第三章　『正法眼蔵』を守り伝えた西有穆山

西有穆山禅師　大本山總持寺貫首時代
明治 36 年 3 月　長崎市晧台寺にて
（写真　青森県南部町　法光寺所蔵）

一、『正法眼蔵《しょうぼうげんぞう》』との出会い

「正法眼蔵」とは、曹洞宗の開祖道元禅師が中国に渡り、正師《しょうし》の如浄《にょじょう》禅師から直に正伝《しょうでん》の仏法として伝えられたもの。それを頭に収め、徒手空拳で帰国後、三三歳頃から書き著し始め、全部で九五巻が存在する。それが今に伝わる『正法眼蔵』である。

曹洞宗の根本聖典とされる。難解なるが故に江戸時代中頃まで須弥壇《しゅみだん》に奉り上げられていた。今日では現代語訳もあって広く読まれており、国内外の哲学者にも高く評価されている。

◆初めての『正法眼蔵』（西有穆山の話）

自分《わし》は二〇歳の時に、吉祥寺の忘光慧亮和尚から初めて『正法眼蔵』の提唱《ていしょう》を聞いたのであるが、誰も知っての通り『正法眼蔵』は宗祖の皮肉骨髄《ひにくこつずい》であるから、二〇歳や二五歳位の素雲水《すうんすい》の学識ではとても解らぬ。

初めて聞いた時は、いわゆる蚊子鉄牛《ぶんすてつぎゅう》の感で、何とも言葉の付けようがなく実に難解難入で、古来より難しいものとは聞いていたが、さてさて難しいものであると望洋の嘆《たん》を抱いたのである。

しかし、御開山の思し召しはこの法身舎利《ほっしんしゃり》＊にあると思ったから、自分は末世下根《まっせげこん》の者であるが何とかして『正法眼蔵』を参究し、一生涯にたとえ一遍でもよいから、人のためにこれを提唱したいと思った。

（『西有禅話』「経歴談」）

＊皮肉骨髄―皮・肉・骨・髄それぞれが身体を構成する重要成分、全人格を表示した語。
＊蚊子鉄牛―蚊が鉄で出来た牛に挑むさま。全く歯が立たないこと。
＊法身舎利―字面は仏の霊骨。真理そのもの、または永遠の真理のこと。

◆愚禅《ぐぜん》さまの『正法眼蔵』（岸沢惟安の話）

穆山師が若い時に、吉祥寺の愚禅さまに随身《ずいしん》しておられた。

この愚禅さまが、越後の魚沼郡にある真宗寺で眼蔵を提唱されるというので、穆山師は非常に喜び勇んで、愚禅さまの荷物を背負ってお伴《とも》した。愚禅さまの荷物は行李物《こうりもの》が一四、五貫（50～60kg）もあり、それに自分の物が一貫目はある。それをなんと一人で背負って江戸を出発し、碓氷《うすい》

越後へ

峠《とうげ》を超えて、遠く越後の国まで歩くのだ。眼蔵の法益《ほうやく》（講義）を聞きたいばかりに歩いて行った。その労苦のほどは大変なものであった。

目的の真宗寺で、愚禅さまの提唱はひと夏、三ヶ月間にわたって続けられた。眼蔵九五巻を片っぱしから読んでいった。てんてこ、てんてこ、木魚の音と一緒にみんな読んでしまわれたのだそうだ。

三ヶ月で九五巻を全部読んでしまった。そして、それで終わり。

さすがの穆山師もがっかりして、

「せっかく遠方までお伴してまいりましたので、もう少しゆっくりお話のほどを……」

と懇願した。すると愚禅さまが、

「これでも聞かぬよりはよかろう」

と言われたそうだ。

（『先師西有穆山和尚』、『西有禅話』「経歴談」、『正法眼蔵全講』「生死」）

◆これは本当のことだ（田中忠雄の話）

ここで、少し論をはさむ。現代文明がこの調子で進歩すると、人間は重い荷物を背負って、遠い山道を歩いたりする能力を次第に失っていくであろう。もう何十年かすると、そんな事はもう考えられもしないことになる。

そうすると、史家と称する輩《やから》が西有穆山の伝を研究する。そして、これは生理学的根拠から見て、不可能であると結論して、「かかる伝説は、西有穆山の偉大さを誇張するために生まれたのだ」ということになる。このことを、近い後世のために今から予言しておく必要があるのだ。

（『道元禅』第一巻「西有穆山」）

＊語り手、田中忠雄―駒澤大学非常勤講師。評論家。沢木興道に師事。著書に『沢木興道――この古心の人』がある。

二、月潭《げったん》老人から『正法眼蔵』を聴く

◆お粥《かゆ》は天井縁《てんじょうぶち》（岸沢惟安の話）

穆山師が月潭さまの所に初めて行かれた時、他に二、三人と行かれたそうだ。その当時諸方のお寺には七〇人から一〇〇人の雲水が居たというのに、穆山師が行かれた時には海蔵寺《かいぞうじ》には青っぱなの小僧っ子が四、五人居たきりで、雲水というのは一人も居なかったのだそうだ。

どうぞ雲水においてくださいと頼むと、この寺には食べ物が無いからおけないと言われた。

本当に食べ物が無かったのだ。お寺の前を、箱根から流れ出る早川《はやかわ》が流れている。その河岸に田地《でんじ》が少しあって、普通の年であれば、年貢米が一〇俵あがるのだが、雨でも少し降れば、その田地が流されてしまって、たいていの年は四、五俵しかなかった。それでは雲水などおくわけにはいかないのだな。

そこで穆山師は、「おいてさえくだされば、食べ物は自分たちで作ります」と頼んだところ、「好きなようにしろ」と言われたので、その翌日から小田原に托鉢《たくはつ》に出られたのだ。

そのうちに、穆山師が海蔵寺に入られたという噂が広まり、次から次と雲水が来るので、おしまいには五〇人ぐらい居るようになった。

それで、お米は四、五俵しかない。どうしても食べようがないので、小田原には毎日のように托鉢に出なければならなかった。まぁ、どのようなものを食べておられたのか。

わしが出家してから、そのころ穆山師と一緒に海蔵寺に居られた三輪淵竜老僧のところに＊江湖《ごうこ》に行ったことがあった。穆山師が＊典座《てんぞ》で、その下にいたという人であった。

淵竜老僧の話では、五〇人鍋にお味噌を杓子一杯入れるだけであったそうだ。それで味など出るものではない。それでどうするかというと、お塩をぶち込んだというのだ。そのくらいだから、お汁の身などもありはしない。お粥も天井縁だ。天井の縁がお粥に映るから天井縁という。お米粒など見えない澄んだお粥だから、本当に天井の縁が映るよ。

そのようなものを食べて、おまけに月潭さまが厳しいお方であった。なかなか居られるものではない。それでも畔上《あぜがみ》さまが三年居られた。原坦山《はらたんざん》和尚などはたった三ヶ月しかもたなかった。その坦山和尚と一緒に来た人は、三日目に逃げ出してしまったそうだ。


（『正法眼蔵全講』「谿声山色・栢樹子」）

＊江湖―江湖会の略。四方の僧侶を集めて夏安居《げあんご》を行うこと。
＊典座―禅寺において衆僧の食事を調える役僧。六知事の一つ。

◆そんな所からえらいお坊さんが出る（岸沢惟安の話）

月潭さまに命じられて穆山師が三島にある如来寺の住職になった。廃寺同然の貧乏寺であったが、一四、五人の雲水を引き連れていって養っておられた。養うと言えば養うのだが、どうにも気の毒で、申し訳のないことだ。サツマイモの中にお米があるのだ。お芋のないときには、青菜《あおな》の煮《に》た中に、どこかにお米の粒があるというのだ。そんなものを食べていて、一四、五人の雲水が逃げ出しもせずにとどまっていたのだ。

だから月潭さまの会下《えげ》＊からもえらいお坊さんが出たし、穆山師の所にも立派な人が居られた。

＊会下――門下と同じ意味。えげ、えか、二通りの読み方あり。

（『正法眼蔵全講』「栢樹子」）

◆典座を七年勤める（岸沢惟安の話）

月潭さまはお客が来て用談が済むと典座の穆山師を呼び、何か支度するように命じ、穆山師が典座寮に帰ると、すぐその後から行者《あんじゃ》＊がお膳を取りに来る。その時すぐにお膳を持たせてやらぬと御機嫌が悪い。御機嫌のなおるまで法益《ほうやく》（講義）の中止だ。できるものでない、用を言いつけると催促が同時だ、倶時《ぐじ》＊だ。用談に来る人は大抵それを知っておるから、典座寮を困らせぬように、お暇《いとま》ごいして帰ってしまう。やはり法益の中止だ。それだから門の内に足音が聞こえると、障子を細めに開けて、あのお客にはお膳を出さねばならぬと見ると、即時に寮子を呼び集め、お前はお燗《かん》の支度をせよ。お前は海苔《のり》を焼け。お前はやっこ豆腐をつくれ。それお米をかしげ＊、それをつくれと言いつけて、それぞれが準備を整えて御用を待つ。

果たして行者が呼びに来る。何食わぬ顔をして御用を承り、典座寮に引き返すと、同時に行者が取りに来る。一品で好いからお膳を持たせてやる。穆山師はその典座を七年の間勤められた。

（『先師西有穆山和尚』）

＊行者―禅寺で住職や役寮に付き、お世話しながら修行する僧。
＊倶時―ともに時が同じの意、同時ということ。
＊かしぐ―（ご飯を）炊くの意、雅語的表現。

◆お焦《こ》げの老僧（岸沢惟安の話）

ある時、七〇歳になる老僧が来た。一度お寺を持ったが、それを弟子に譲り、隠居して、もう一度修行をしたい。それには厳しいお方の所に行かねばというので、この月潭さまの所に来た人があった。年齢《とし》を取っておられたから、特別待遇であった。そして飯頭《はんじゅう》の役を付けられていた。飯頭はいわば典座の次長で、お米の量り出しなどをする役だ。

その老僧が当番になって、ご飯を炊かれた時、どうしたわけかお焦げができてしまった。食べられるところは食べるようにして、どうしようもないところは犬の椀《わん》の中に入れて置かれたのだ。月潭さまは滅多にお勝手の方に出られるお方ではなかったが、運悪くその日は出てこられて、犬の椀に入っているお焦げを見られたのだ。その途端に怒りだされた。老僧はひた謝りに謝ったが、聞かれない。

「その犬の椀に入れたお焦げを、きさま食べてしまえ」

と言われるのだ。涙を流してお詫《わ》びをしたが、どうしても許されない。

それをまた穆山師が聞いて、老僧と一緒にお詫びをすると、今度はお叱りが穆山師の方に向かった。

「きさまの取り締まりが悪いから、こんなお焦げなど作るのだ」

と言われる。

穆山師もきつい人であったから、

「この人はわしの部下です。わしが処分しますから、貴方はあっちに行っておらっしゃい」

と言われると、

「処分するきさまの役は誰が言いつけた」

そう言って、どうしても許してくれないのだ。仕方がないので、老僧が月潭さまの目の前で、犬の椀に入れたお焦げを取り出して、洗ってそれを食べたのだ。

それで月潭さまが方丈に戻られた。

その後《あと》で老僧が穆山師に、「厳しいお方だということは聞いておりましたが、まさかこれほどとは思わなかった。とても辛抱できないから、お暇をくだされ」と言い出した。

それで穆山師が、

「途中で出て行っては規則を破ることになるから、三ヶ月だけは辛抱しなされ」

そう言って止めたが、三ヶ月が済むと、さっさと出て行ってしまわれたそうだ。

（『眼蔵家の逸話』、『正法眼蔵全講』「栢樹子」）

◆名利《みょうり》を非常に卑《いや》しまれた（西有穆山の話）

老僧《わし》が若いときに、月潭老人が西堂《せいどう》を勤められた結制《けっせい》が甲州のお寺であった。そこの隣の寺でも同じく*九旬安居《くじゅんあんご》の仏制を攀《よ》じられた。

然《しか》るにそこの西堂になったお知識の方は、世話人や誰かが来て話をするとか、参詣があるとかすれば、直ぐに止静《しじょう》を入れて、臨時に打坐《たざ》を命じ、警策《きょうさく》を振り回して、雲水を引っぱたたき、毎朝問答もやって、激しい*商量《しょうりょう》の問話《もんな》をかわすので、非常《えら》い評判を取った。

その話をこっちの会下《えか》の雲水が聞いて悔しがり、おれ達の方でも隣の寺に負けぬように坐禅をやろう、もっと問答を大声で怒鳴り合うようにやろう、と打ち合わせたようだ。そこで*朝課《ちょうか》が終わると同時に、ひとりの雲水が奇声を発して月潭老人に問話をかけたのである。

「西堂和尚に問話《もんな》一著《いちじゃく》あり」とやりだしたのである。

「いかなるか、これ正法眼蔵的々《てきてき》の大意」

月潭老人は即座に雲水たちの意中を読み取って、

「的々の大意が、きさまらのような名聞《みょうもん》坊主に分かってたまるものかい」

と言うなり、鉄如意で殴りつけた。

「即刻下山せい、名聞と仏法とは敵同士だ。名聞の好きな奴は還俗《げんぞく》してしまえ」

と怒鳴って、この雲水を山門外に追い出してしまった。そして次のような話をされた、

「江湖会《ごうこえ》とは仏制を守って修行する事である。在俗者の人気取りの芝居ではないのだ。だから仏制に定められた時間に坐禅するのが仏行である。参詣人の顔を見てするようなバカな坐禅はない。みろ、隣の寺では、村の青年がからかっているではないか、『雲水らに坐禅させてやろう』と言って、ひやかし半分に五、六人揃ってやって来る。すると雲水がノコノコ出てきて坐禅する、それを見て帰り、門の外でどっと笑っている。そんなベラボウな坐禅があるものか、それは坐禅をおもちゃにしている外道《げどう》だ」

月潭老人はそれに反して、キチンと規則通り行われて、微塵も余分なことをなさらない。

ある日、隣の寺の世話人が参詣に来て、月潭老人に相見し、「貴殿もちと彼《か》の知識にあやかれば、参詣も多くなり、牡丹餅も貰えましょう」と言って、大笑いをした。

そんな風で、月潭老人は名利《みょうり》を非常に卑《いや》しまれて、解間《げあい》には「何もせずに居れ、鐘点も坐禅も要らぬ」と言われた。

それは名聞をひどく叱られたのだ。古人は皆そういう次第である。

（『学道用心集提耳録』、『眼蔵家の逸話』）

＊九旬安居—九〇日間寺院にこもってする修行。
＊商量—問答をして、相手の器量や考えなどを推し量ること。
＊朝課—寺院で行う朝のお勤め。

◆名聞《みょうもん》坊主の鐘つき（岸沢惟安の話）

禅宗のお寺では、朝ひる晩に鐘をつくのが当たり前だ。障子の側にゆき、掌《たなごころ》の筋の見えるくらいの明るさの刻に、夜明けと夕方の鐘をつくということになっている。それを月潭さまのところでは、夏の三ヶ月と冬の三ヶ月とはその鐘をつかせられたが、春と秋にはつかせられなかった。それが厳しいその寺の規則になっていたのだ。

ところがどうしたことか畔上《あぜがみ》（畔上楳仙《ばいせん》、後の大本山總持寺独住二世）さまが、鐘をつかないことになっている時に、一度鐘をつき始められたのだそうだ。ゴーンと鳴り出すと、「誰だ」、月潭さまが怒りだされた。

お側の者が、「楳仙です」と言うと、

「呼んで来い」。畔上さまが行かれると、

「どういう訳で鐘をついた」

「どこの寺でも一年中鐘をついております。ここには五〇人もの雲水が居るのに、他所の聞こえが悪いので鐘をつきました」

「この坊主、他所の聞こえのために鐘をつくか、名聞坊主め、出て行け」

と言われる。あんまり大きい怒鳴り声がするものだから、穆山師が典座寮から出て行って、

「どうしたのです」

「名聞坊主はおれの所におくことはならぬ。出て行け」

なんと言っても聞かれない。それを穆山師がいろいろ言って、

「悪い意味でついたのではありません。寺としての規則を守るためについたのですから、許してやりなされ」と言われると、

「鐘はついても減りはせん。勝手にせい。ただし朝はならんぞ」

ということになったそうだ。そのくらい厳しいお方であった。


（『先師西有穆山和尚』、『正法眼蔵全講』「坐禅箴」）

◆寒中のふすま餅《もち》（岸沢惟安の話）

海蔵寺では食べ物は不味《まず》く、いつもお腹が減っていた。穆山師が典座寮で、畔上さまが侍者《じしゃ》寮で、向かい合っていた。大抵寝るのは十二時であったそうだが、ことに畔上さまは骨を折られ、勉強なされていて、お休みになるのが遅かったということだ。

ある寒中のこと、穆山師が障子を開けて出ると、飯頭《はんじゅう》寮から妙なる匂いがしてくる。炉ぶちから煙が出ている。火箸でかき回してみると、麦粉《むぎこ》を取ってしまったあとの麦かすにお味噌を塗ったのが焼いてあった。

典座和尚が寝たら食べようと思っていたのだが、典座和尚（穆山師）、寝るどころか見つけてしまった。

穆山師がそれを懐にして寮に戻ってくると、畔上さまに出会った。

「何かあるかい」、「ある、ある」。そういうあんばいで二人で食べてしまった。

それでお二人はお休みになっただろうが、一方の飯頭和尚の方は、悔しくて、悔しくて眠れない。その眠れないのが半

名聞坊主の鐘つき・寒中のふすま餅

月も続いたということだ。

「典座和尚さん、あなたのような意地悪はない。みんな取ってしまって一つも残しておいてくださらない。あの時の悔しかったことと言ったら……」

と半月もしてから言ったそうだ。

（『正法眼蔵全講』「安居」）

◆夜中の本箱（岸沢惟安の話）

穆山師が月潭さまの所に居られた時に、月潭さまは三〇箱以上の本箱を持っておられたのだ。その書籍を穆山師が管理しておられた。

月潭さまが始終、何々の本を持ってきてくれよ、何々の本を持ってきてくれよ、と言いつけられておられた。

ところが、その言いつけるのと催促するのが一緒なのだ。その気の短いこと比すべき者無しのお方であった。

それを穆山師はしかも夜中の灯明無しで言いつかった。何の本を持ってこい、と言いつかると、夜中真っ暗な中で、言いつかった本を引き抜いて持って行かれたのだ。

それで、わしが出家した時に、それをわしにやれと言うのだ。ところが、目録を見ても容易に見当たらないのだ。

書物が分からないのだから、目録で見つけることすらなかなかであった。それから本箱はどの本箱にあるかを探す、それにかっかと叱られるから、びくびくする。なおさら分からなくなる。しかも用を言いつけるのと、催促が一緒だというのが、月潭さまからそのまま伝わっているのだ。

従って、穆山師もその通りで、言いつけるのと催促が一緒だ。

まだ見つからぬか、まだ見つからぬか……、それならば自分で来ればよいのに。

「わしは暗闇の中で本を引き抜いてきた。昼日なか見当たらぬことがあるものか」

と言われるのだ。初めの頃は謝っていたが、だんだんと慣れてきて、

「あなたは小僧のときから仏書ばかり見ておられ、しかも十幾年も月潭さまの本箱を扱っておいでになったのだから、当たり前ではないですか。私は出家したばかりで、分かりようはありません。私の思う通りに本箱の整理をさせてくだされればやります」

と言うと、勝手にしろと言われるから、見つかりやすいように、本箱を整理してしまった。

それからは、言いつかると同時に、その本はどこにある、どのくらいの厚みだ、とそこに行くまでに頭にたたきこんで来る。だからすぐに引き出せるのだ。

（『正法眼蔵全講』「恁麼・授記」）

三、箱根の峠を越えて

◆眼蔵を聴くために（秋野孝道の話）

静岡三島の在所に、如来寺という寺がある。今は法地になっているが、西有穆山禅師が居られる時には小さな寺であった。この寺は月潭和尚が開山になって、禅師が二代目になっておられる。その如来寺に居られる時のことであるが、禅師は箱根を越えて小田原にある海蔵寺に通われた。海蔵寺の月潭和尚は毎日午前と午後に『正法眼蔵』の提唱をしておられる。それを聴きたいためである。

西有禅師のお話に、

「あの箱根の山を越えて、月潭和尚の所に行って講義を聴いたものだが、朝、夜が明けないうちに出立して行くのだ。それから彼方《あっち》に午後の三時、四時位まで居って、それを聴いて、帰りには箱根の絶頂まで駆け登る。そうすると薄暗くなってくることが度々あったな。それからあの時分には酒が少し好きであったものだから、如来寺に帰ったとき、のどが渇いているから一杯やろ

箱根を越えて正法眼蔵を聴く

うと思って、途中で瓢箪《ひょうたん》に酒を買って、上《あ》げ手巾《しゅきん》の紐《ひも》につけて箱根を駆け下りたことが度々あった。ある日のこと、三島の宿まで駆け下りて、寺まではまだ少しあるけれども、のどが渇いたから酒を飲もうと思って瓢箪を取ると、紐が切れて、その瓢箪を石の上に落としてしまった事があった。酒が好きでおまけにのどが渇いてはいるし、疲れてはいるし、サァ飲もうと思って出すと、ピシャッと砕いてしまった。その時ほど力を落としたことはない」

というお話が度々あった。

その瓢箪を砕いたことは何でもない話だけれども、何と箱根を越えて月潭和尚の『正法眼蔵』提唱を聴こうというのは大変な事ではあるまいか。

今日の若いお坊さんにそれだけの熱心さ、それだけの精力がありましょうか。

実にこれは手本として行かなければならぬ事だと思う。

穆山禅師は、日々の行持として暁天夜坐《きょうてんやざ》の坐禅はなかなか厳重に勤められた。それに本を講《よ》むことが大好きであったことは、前に述べた通りであるが、朝は必ず＊三宝礼《さんぼうらい》と＊羅漢拝《らかんはい》を行われた。また読経は「梵網経《ぼんもうきょう》」、「理趣分《りしゅぶん》」等をよく読まれた。

朝の＊行持《ぎょうじ》がすむと、境内を一周せられた。これは寺門を監督する意味もあったろうし、また健康の上からでもあったろう。

（『高僧穆山』）

＊三宝礼——三帰礼文《さんきらいもん》を唱えながらする礼拝。

＊羅漢拝―十六羅漢を唱え礼拝する。
＊行持―禅寺で日々行われる修行のこと。
＊語り手、秋野孝道《あきのこうどう》―西有穆山の随身。詳細は巻末。

◆『正法眼蔵』を二巡聴いた（西有穆山の話）

小田原の早川に到り海蔵寺の月潭老人に参ずることが前後一二年で、この間に月潭老人より眼蔵の提唱を二巡聴聞したので、漸《ようや》く朧気《おぼろげ》に御開山の御思召《おぼしめし》を窺《うかが》うことができたような心地がしたのである。

それより後、江戸に帰って宗参寺で初めて眼蔵の提唱をした。初心の幾分かに報いたのである。此時、自分は四五歳になっていたのである。

（『西有禅話』「経歴談」）

◆二九歳の転機、『正法眼蔵』を危機から守った西有穆山

西有穆山の僧侶としての転換点は二九歳の時である。非凡な才能で、二三歳で江戸牛込鳳林寺《ほうりんじ》の住職となった。二七歳で大和尚となったが、将来についての確固とした考えはこの時点でも持

っていなかったらしい。自身、雲水癖《うんすいへき》が抜けきらず退歩していたと述べている（二一四頁）。『正法眼蔵』にも参じていたが、「将来一度でよいから人のために提唱してみたい」と、その程度にしか考えていなかったようだ。

それが、二九歳の時に帰郷し母の鉄槌《てっつい》を受けて目が覚めた。母の一言に感発したのだ。初発心《しょほっしん》に戻り、鳳林寺を辞し、向かった先が小田原月潭和尚が住する海蔵寺であった。

当時、修行道場といえば奕堂《えきどう》和尚の前橋龍海院、回天《かいてん》和尚の宇治興聖寺、梅苗《ばいみょう》和尚の伊豆修禅寺が天下の三大道場として人気を集めていた。只管打坐《しかんたざ》の坐禅三昧や劫火洞然《ごうかとうねん》の公案一則などに徹し、それぞれが一〇〇人以上の雲水を集めていたという。

月潭和尚の海蔵寺はというと、あまりに厳しいので一人の雲水もおらず、小僧が四、五人居るというありさま。月潭和尚は『正法眼蔵』の第一人者で比する人なしであったが、『正法眼蔵』そのものに対する評価が低かったのだ。『正法眼蔵』の継承が途絶える危機的な状況にあった。

西有穆山は月潭和尚から『正法眼蔵』を受け継ぎ、危機から守ったのである。

四、教科書を出版する

西有穆山は、江戸牛込宗参寺の住職時代から雲水たちに仏典を講義していた。その時の雲水には折居光輪、古知知常、野々部至游、福永毫千等がいる。

明治時代になると、西洋式の活版印刷が導入されたため、個人の立場でも容易に書籍を出版できるようになったと思われる。できるようになったと言っても、今よりはずっと経費が掛かったに違いない。

それでも西有穆山は静岡袋井の可睡斎住職時代から、全国の学僧たちや講義を聴く雲水たちのために教科書となる講義本を出版し始めた。

判明している出版物を挙げる。

①『寳鏡三昧薫蕕談《ほうきょうざんまいくんゆうだん》』明治一九年　袋井攝善會発売

原著者　月舟宗胡《げっしゅうそうこ》（一六一八〜一六九六）・恒川（天目）講録

装丁　和装　六〇頁　帙入《ちついり》

＊参考までに、この本の定価は四二銭である。当時そば一杯が一銭であったので、現在の貨幣価値では

約一万円に相当するだろう。

②『参同契薫蕕談《さんどうかいくんゆうだん》』　明治一九年　袋井攝善會発売

原著者　月舟宗胡（一六一八〜一六九六）・恒川（天目）

講録

装丁　和装　上下二巻　計一〇四頁　帙入

③『正法眼蔵私記《しき》』＊会本《えほん》　明治二九年　鴻盟社刊

原著者　雑華蔵海《ざっけぞうかい》（一七三〇〜一七八八）

装丁　和装　開、示、悟、入之四巻　計二〇〇〇頁

帙入

④『正法眼蔵私記』分本

『正法眼蔵私記』は何しろ厚さが全部で一〇cmもあったので、講義する巻だけの分本を印刷した。九五巻全部ではなく一部の印刷にとどまったようだ。

⑴『辨道話《べんどうわ》巻私記会本』　明治二九年　鴻盟社刊

⑵『出家功徳巻私記会本』　明治二九年　鴻盟社刊

⑶『佛向上事・行持巻私記会本合本』　明治二九年　鴻

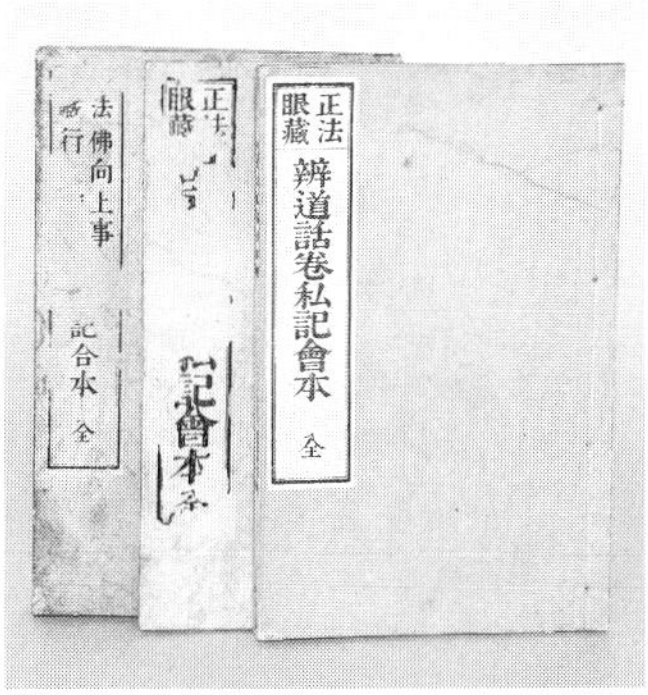

『正法眼蔵私記会本』分本

『正法眼蔵私記』会本

盟社刊

(4)『道心・三時業・帰依三宝巻私記会本合本』　明治二九年　鴻盟社刊

⑤『正法眼蔵続絃《ぞくげん》講義』　明治二九年　貝葉《ばいよう》書院刊

原著者　乙堂喚丑《おつどうかんちゅう》（?～一七六〇）

装丁　和装　全五巻　五四〇頁　活字本

⑥『法服格正《ほうぶくかくしょう》』　明治二九年　鴻盟社刊

原著者　黙室良要《もくしつりょうよう》（一七七五～一八三三）

装丁　和装　頁数不明　帙入

⑦『正法眼蔵和《わ》語梯闢邪訣《ごていびゃくじゃけつ》合本』　明治三一年　鴻盟社刊

原著者　萬瑞《ばんずい》　面山瑞方（一六八三～一七六九）

装丁　頁数共不詳

＊『正法眼蔵私記』会本――会本とは原文の隣に解釈などを置く体裁のこと。

五、眼蔵と一緒に死ねば本望だ

◆伝心寺初めての眼蔵会（丘宗潭《おかそうたん》の話）

明治何年のことであったか（編者注　明治二六年冬）、「可睡を隠居して閑散の身となった（伝心寺住職）ので、眼蔵を講じて汝等の為に模範を残すから出て来い」という手紙を貰ったので、飛驒の山奥（洞雲寺）から喜び勇んで出て来て、講演の席に列した。

聴講者は拙者《わし》と筒川方外、原宣明、秋野孝道諸師をはじめとして総計四〇名であった。拙者と筒川とは寮舎の都合上、島田町某の隠宅を宿舎と定め、毎日午前八時に出席して聴講した。時節は寒中のことで、北風に吹きまくられて、歩いて行くとその寒さは耐え難いものであった。しかし、穆山老師の講義はたいへん素晴らしいもので、聞いていると喜びが体中から満ち溢れるような思いであった。そんなわけで、開講初日から一日も欠かさずに聴講し、始めから最後まで一字一句すべてお聞きできたのは千歳《せんざい》の賜《たまもの》と思っている。

ある時、私は穆山老師にむかって、

「先年可睡斎で開講あそばされた時と、今日の眼蔵とは非常に違いがあるように思います。先年のご提唱は、例によって例のごとしというような口調でありましたが、今日のご提唱は、眼蔵の外に立って眼蔵を翻転《ほんてん》なされているようなな差がありまして、真に眼蔵に熟達されているのは今ですね」と申し上げたら、

「そう聞こえるかい、何でも長生きしなければ駄目だよ、七〇以上にならねば眼蔵にならないからな。眼蔵になったから眼蔵が読めるのだよ。貴様も長生きして眼蔵を読むがよい。眼蔵は難しくない、眼蔵になればさらさらと読める訳だよ」

というお話であった。

これより拙者は朝に夕に参座傾聴を欠かしたことはない。一字一句の不審まで参じた。この講義によって得たものはこれまでないほどであった。穆山老師を今の世の承陽大師《じょうようだいし》（道元禅師）なりと敬慕する根源は全くこの時から生じ、朝夕老師の法臘《ほうろう》（僧侶としての寿命）延長を祈らない時はなかった。

眼蔵の講義も無事終了した。穆山老師の膝下《しっか》を離れて、飛騨の山奥七〇里ほど帰るのは、すなわち正法正師《しょうぼうしょうし》から隔たってしまうのかと思えば、何となく落涙千万行の感があり、送行《そうあん》*するのに忍びなかった。

（『普勧坐禅儀提耳録』「巻頭言」）

*送行―修行場所から去ること。

*語り手、丘宗潭―西有穆山の随身。詳細は巻末。

◆納得のいく眼蔵（岸沢惟安の話）

西有穆山師が八〇歳になられて眼蔵を提唱されたときに、丘宗潭老僧が、

「御前さま、このあいだの眼蔵は眼蔵のようですね」

と言われると、

「うん、わしもそう思うがな」

と言われた。八〇歳になって初めて自分の納得のゆく眼蔵になった。そのときでも丘老僧の言われたのと、穆山師が、うん、わしもそう思うと言われたのと、その内容はまた違うのだろう。年齢《とし》が許さないからな。

また、折居光輪さまは、十幾年の間穆山師に随身なされたお方だ。けれども若い時のことだから、穆山師の方も、何もまだ分からなかったと言うておられた。その頃のことだから、

「折居にも本当の眼蔵は分からぬ」

と言っておられた。

穆山師が八〇歳になられてから、丘宗潭老僧が、

「折居さんにもう一度聴かせたいものですな」

と言われると、穆山師も、

「うむ、わしもそう思っている。何かのついでに言っておいておくれ」

と言われた。

そこで丘老僧がそのことを話されると、折居さまも、

「わしもそう思う。今度聴いたら、いくらかものになるだろう」

そう言っておられるうちに、折居さまの方が先に亡くなってしまわれた。それでとうとう堂奥《どうおう》に入ることができない。

折居さまの眼蔵の筆記を持っているが、それを見るとやはり方角ちがいのところがある。どうも仕方がない。注意しなければならないことだ。


（『正法眼蔵全講』「行持〈上〉・栢樹子」）

◆眼蔵と一緒に死ねば本望だ（岸沢惟安の話）

西有穆山師がたしか八三歳か八四歳の時だ。

舞鶴の桂林寺和尚や、熱田の白鳥山の和尚、そのほか老老大大《ろうろうだいだい》たる人たち、皆それぞれ一方の旗頭をしている人たちが来られて、眼蔵を提唱していただきたいというのだ。

それで、穆山師が提唱し始められた。

一週間ばかり続いたので、疲れられたろうと思うから、牛乳を召し上がってはいかがですか、と言うと、

「おれは坊主で死ぬのだ。牛乳を飲んで、牛になって死ぬ必要はない。坊主のうちに死ぬのだ」

と言って、何と言うても飲まれなかった。

穆山師が七七歳の時に、松田という所でやはり牛乳説が出たことがある。そこの庵主《あんじゅ》が、月潭老師の随身で、穆山師と一緒にいたことがあるので懇意であったから、もう牛乳をお飲みになったらどうです、と勧めた。すると穆山師が、

「おれは飲まないぞ。おれは飲まないぞ。牛は草を食べている。その牛の食べているものを食べているのだから、牛乳や牛肉などより、より以上の滋養だよ」

そう言って取り上げられなかった。

それが今回の眼蔵会《げんぞうえ》が始まって一週間過ぎた頃、呼ばれるからお部屋に行くと、

「牛乳を五合飲むぞ」

と言われた。

「五合も飲めば、下痢をしてだめです」と言うと、

「それでは二合」

「二合でも多すぎます。どうしてそんなことをおっしゃるのです」と訊ねると、

「心臓が結滞《けったい》（不整脈）するのだ」

と言われた。

「それは大変です。医者を呼びましょうか」と聞くと、

「講義を止めろと言うから、医者を呼んではならない」

それに続けて、

「眼蔵と一緒に死ねば本望だ。眼蔵がおれの命だから、眼蔵と一緒に死ねば本望だ」

そうおっしゃって、医者を呼ばせられなかった。

牛乳を取ると、

「こんな臭いものが飲めるものか」

と言われて飲まれない。

その時に、熱田の白鳥山の吉田という和尚に、「お師匠が結滞のようです」と言うと、

「それは大変だ。講義を止めてもらう」

「何、止めませんよ。眼蔵と一緒に死ねば本望だ、と言っているのです。医者も呼ばせないし、またこの事をあなた方にも話してはいけないと言われているのです」

さて、どうしたらよいのだろう……。そのうちふと思いついた。

「眼蔵は今年きりで終わるものではない。毎年連続してやっていただくのだから、来年また提唱していただくのを楽しみに、今年はこれで止めていただく。そう言ってみなされ」

と言うと、吉田和尚が、よし、よし、と桂林寺和尚と二人が代表で行き、

「少しご病気だそうで……」

と言うが早いか、

「また喋《しゃべ》りやがった」

「眼蔵は止めていただきましょう」

「止めない」

「眼蔵は今年だけで終わるものではありません。今ご病気なのに、頑張ってやっていただいても、どんなことになるか分かりませんから。眼蔵を継続していただけるのはあなたの他には居りません。そのご寿命を継続していただかねばなりませんから、今年はこれで止めていただけませんか」

と言うと、

「うん、止めよう」

と言われた。


（『正法眼蔵全講』「看経」）

◆他宗の人も聞きに来た（岸沢惟安の話）

穆山師が横浜に居られたときに、横浜はむろんのことだが、東京からも各宗のお坊さんたちが聴講に来ていた。日蓮宗だけが来ない。他の宗旨の人は大抵来ていた。

その人たちの眼蔵の批評を聞くと、天台宗の人は、眼蔵は諸法実相《しょほうじっそう》の道理を説いたのだと言う。真言宗の人は、眼蔵は六大周偏《ろくだいしゅうへん》を説いただけと言う。各宗の人がみな自分の宗旨の方に引っつけてしまうのだ。

そのように自分の方に引きつけてくれるところをみると、高祖さまの仏法が、浄土にも真言にも天台にも通じ、それだけ通仏教なのだよ。いやもう眼蔵の哲学が世界の哲学を風靡《ふうび》する。そのような機運になっているのだ。それはつまり仏教全体を表していて、臭みがないからだ。各宗にとらわれるところがない。眼蔵哲学が仏教哲学なのだ。

（『正法眼蔵全講』「坐禅箴」）

六、お三人がただお一人（岸沢惟安の話）

講義で涙

西有穆山師が名古屋の安斎院で江湖会《ごうこえ》の時に、一〇〇日のあいだ『正法眼蔵』を提唱なされた。穆山師が五〇歳くらいの時だ。

その時に、名古屋の萬松寺《ばんしょうじ》と言えば、ご承知の通り、尾張侯の菩提寺で、へぼな人は住職することはできない。その萬松寺の住職が、安斎院に、穆山師の眼蔵の講義を聴きに毎日通って来ていた。

もう七〇歳からの老僧であったそうだが、ぽろりぽろり涙を落とし泣きながら聴いておられたそうだ。

どういう訳かなと思いながら、穆山師もそれを見ていたそうだが、そのうちに面会に来られたので、穆山師が、

「あなたは私の講義を聴いていて、お泣きになっていたようだが、どういう訳ですか」

と訊ねると、その老僧の言われるのに、

「わしは*珍牛《ちんぎゅう》さま、*黄泉《こうせん》さま、*黙室《もくしつ》さまのお三人から眼蔵の講義を聴きました。珍牛さまは尾張侯の非常なお気に入りで、萬松寺に住職なされ、その後住《ごじゅう》になられたのが黄泉さまです。そして珍牛さまのお弟子が黙室さまです。この黙室さまというお方が、一代の間、眼蔵にとっ組んだお方で、眼蔵の上から言うと、お師匠さまの珍牛さまより以上のお方でありましょう。その黙室さまがまた黄泉さまの後住として萬松寺に来られました。その三代の間の眼蔵をみな聴きました。あなたのお講義を聴いていますと、黙室さまのお講義とそっくりで、いつのまにか黙室さまのことが思い出され、懐かしくて涙が出てたまらないのです。どういう訳か自分でも分かりません」

と言われたそうだ。

（『正法眼蔵全講』「古鏡・摩訶般若波羅蜜・坐禅箴・栢樹子」）

＊瑞岡珍牛（一七四三〜一八二二）—あらゆるものにとらわれないよう修行した傑僧。
＊黄泉無著（一七七五〜一八三八）—『正法眼蔵』の熟語辞典『正法眼蔵渉典続貂《ちょう》』を著す。
＊黙室良要（一七七五〜一八三三）—正伝袈裟の尊貴を主張した『法服格正』を著す。

十幾年の随身、全身で伝わる

これは実は穆山師が、月潭さまに付いて一二年の間、眼蔵を聴かれたが、さらに他所へは行かれなかった。他所に行っても仕方がなかったのだ。

そしてその月潭さまは、黙室さまに付いて、一四年の間、眼蔵を聴かれたのだ。これも他に行くべき所がないのだ。

だから黙室さまの眼蔵が月潭さまにすっかり伝わった。学問が伝わったのではない、月潭さまの全身が黙室さまの全身になってしまったのだ。

そしてその月潭さまに付いて、穆山師が一二年の間、眼蔵を聴いて、厳しく仕込まれたのだから、穆山師がやはり月潭さまの眼蔵を、その全身で受け取られたのだ。

一二年もの間お側におれば、師匠に似ないではおられないだろう。身体つきから、歩き方まで似てくるものだ。

黙室さまと穆山師とのその間に月潭さまがあるにも関わらず、黙室さまの眼蔵がそのように穆山師に伝わっているのだ。お三人がただお一人だ。そのようにならないと本当の師匠と弟子ではない。

従って穆山師が眼蔵を提唱《よ》まれるのを聴いていて、黙室さまを思い出されるというのは当たり前のことなのだ。

（『正法眼蔵全講』「古鏡・栢樹子」）

七、一般人への布教

◆在家居士《こじ》に『正法眼蔵』を提唱（西有穆山の話）

どうも今日この頃、拙僧のところへ来る居士等の熱心には驚き入ったよ。わしが牛込の宗参寺に居った頃、たくさんの居士連が来たが、中にも感心なのは、参謀本部へ出る将校であったが、四谷から毎朝三時半に起きて暁天《きょうてん》の坐までやりに来る。その他、役所に勤める立派な官吏なども同様で、朝は暁天をつとめて帰り、更に夜坐にまで参得に来るという熱心さである。その連中が坐禅ばかりでなく、仏典を聴くにも全く命がけで勉強したものだ。

それに引き替え僧侶の方は専門の書籍に書き入れをするとか、聞き書きをしようとかいう有所*《うしょ》

得《とく》の念があるものだから、この点が違っている、この字義が分からぬ、などと八方へ気を揉んでいるので、肝心の宗意を聞き取る事ができない。

ところが居士連の方は、別段これを聞いて人に講義をしようとか、雲水を説得しようなどという野心がなく、ただ謹み聞き、聞いて味わって行くのである。それであるから、本文に執着しないだけ、真実の勉強ができて、本地の風光を体得できるわけである。

字を覚えたり書き入れをする気で宗乗を聞かれては、わしも実に迷惑千万のことである。

（『高僧穆山』）

＊有所得──功利的に何かを得ようとすること。

◆講義の例

在家居士へ講義した記録を列挙する。これはほんの一部であると思う。

・明治二三年、可睡斎の結制安居で『正法眼蔵』などを講義した。聴講者の中に、田島任天、阿部槐陰、小幡鉄心、錦織剛清、望月皎月、橘見性、土岐不一等をはじめとして居士の徒二六名、と記録あり。

・明治二八年、東京浅草萬隆寺で結制助化《じょけ》、『正法眼蔵』を提唱。僧侶、雲水の他に、居士や官吏など四〇名ほどが聴講。さらに居士等の求めに応じ、『宝鏡三昧』を提唱。

・明治二九年、東京麻布の大学林に於いて、『五位説不能語』を提唱。中学林生徒と在家有志が聴講。

次に、横浜の西有寺に移ってからは、定期的に在家居士のための提唱を行っている。

・明治三三年、東京宮田直次郎、大住清白、横浜山口秀胤等が発起人となり、西有寺に於いて特に居士のための宗乗提唱を願ったところ、毎日曜日、後に土曜日となるが、『坐禅用心記』、『普勧坐禅儀』、『正法眼蔵』の講義が開始される。

さらに、

・東京積徳会幹事井澤吉五郎等の要請で、毎月一六日に東京外神田福田屋に於いて『般若心経』、『学道用心集』などを提唱。

（参考文献『本山出頭後続記』）

八、病にあっても講義する

◆何があっても途中で止めない（秋野孝道の話）

わしは元々、麻蒔さんに随身して居たのであった。その後大学林に入り、全部卒業する前に、当時可睡斎にあった学林の教師を勤めることになった。西有穆山禅師はその頃可睡斎に住職して居られたので、それから禅師の世話になることになった。

禅師はなかなか厳峻《げんしゅん》な人であったから、二年、三年と随身する者は少なかったが、やかましいとは言うものの、その中に実に親切なところがあったので、わしは明治一八年以来、能登の本山に出られる前まで随身して居った。

禅師の特色と言えば、随身の者を導かれることが、いかにも親切であるのと、法益《ほうやく》（講義）が大好きであったことであろう。

明治一八年以来、十数年の間であるから、いろいろとやかましい小言も聞いたが、たいへん親切なところがあるので、しばしば感涙にむせんだ事がある。

可睡斎というあの忙しい寺にあっても、何とか繰り合わせて書籍を講義してやる事に勤められた。書籍は、『正法眼蔵』は申すまでもなく、『大清規《だいしんぎ》』、『禅戒抄《ぜんかいしょう》』、『五位顕訣元字脚《ごいけんけつがんじきゃく》』の類いであった。

ちょうど九月時分のことであった。可睡斎の山はご承知でもあろうが、松茸《まつたけ》が沢山採れる。それでわしが一〇日ばかり自坊に居って、可睡斎に行くと、

「きょうは秋野が来た、秋野が来たから今から提唱をやろう」

と、おっしゃった。若い雲水に聞くと、

「お前さんが来るというと禅師が提唱をしてくださる。これからも時々来てもらえないだろうか」

という話があった。

その日、私は禅師と一緒にご飯を方丈でいただいた。その時に、どうも松茸をちょっと多く召しあがるな、と思っておりました。何にしても珍しい時ですから、禅師は松茸をたいへん召しあがったようだ。

それからご飯が済んでしまうと、もはや九時頃であるが直ぐに、

「きょうは秋野が来たによって一つ法益《ほうやく》をする、板《はん》を叩け」

と言うので、それから板を叩きだした。板を叩くのは提唱があるという知らせであるから、板を三つ叩いて太鼓を三つ叩く。

提唱が始まった。『三百則《さんびゃくそく》』*の提唱であった。

それから三〇分くらいたつと、西有禅師はどうもお腹が痛くなったようだ、松茸の加減かと思うが、

「何だか胸の気持ちが悪い、金盥《かなだらい》を持ってこい」

と、おっしゃる。それから金盥を持っていくと、可笑しい話ですが、直ぐ、ゲッゲッと出してしまって、また提唱を続けられる。

それをまた三度出して、二時間ばかり続いて提唱をなされた。その時に、私は非常にありがたく涙をこぼしたのだ。

今でも、そのことを思い出すとありがたく感ずることである。


（『高僧穆山』）

＊『三百則』—『正法眼蔵三百則』のこと。

九、講義の周辺

◆若い時の書き入れ（岸沢惟安の話）

穆山師が若い時に眼蔵を一部しか持っていなかった。それは、吉祥寺の愚禅《ぐぜん》さまに書き入れ本

をお借りして写したものだ。

その後三〇歳を過ぎて、月潭さまに随身して、月潭さまの書き入れ本もお借りして写した。その時に、穆山師自らの意見も書いてある。

だから愚禅さまの書き入れと、月潭さまの書き入れと、その外ご自分の意見も書き込んである。その本を、今九〇歳になってから開いて見るというと、自分ながらよくもこのようなことを書いたな、そう思うようなことを書いているというのだ。書いたことには間違いはない。間違いないけれども、どうもそこに言うに言われないところがある。

富士山を麓《ふもと》から仰ぎ見るのと、富士山の頂上に登ってそこから見下ろすのと、同じ富士山というても大分違いがある。

若い時は一生懸命で妄想《もうぞう》で書いて骨が折れている。伸びあがり、伸びあがりして、首を伸ばして骨を折って書いているのと、頂上から見下ろして書くのとだから、書き入れも大いに相違があるのだ。

相違はあるが、初め麓から仰いで見たものを、今は頂上から見下ろしているのだ。だから書いてあることは、今見るところと違いはないが、そこに言うに言われぬ深みと重みが付いてくる。

（『正法眼蔵全講』「授記」）

編者注　『正法眼蔵』は仏典の中でも特に難解と言われている。これを講義する時は、講義本の欄外に書入れをしておかなければならなかった。師匠の書入れは弟子に引き継がれていったものもあるようだ。

◆西有穆山が提唱した『永平家訓』と『坐禅用心記』

道元禅師の著作に『正法眼蔵』と並んで『永平広録』がある。面山瑞方《めんざんずいほう》が、卍山本《まんざんぼん》『永平広録』から学僧の修行に必要と思われるものを抜き出して編集したものが『永平家訓』である。

この『永平家訓』を西有穆山が提唱している。時は、明治三三年六月二二日開講、七月一〇日満講と、『本山出頭後続記　可睡中興四十七世穆山老師小伝』にある。この講義を若き随身の*富《とみ》山《やま》祖《そ》英《えい》が筆録したものが、『永平家訓私記』で、平成一三年に西有寺開創百周年記念として出版されている。

富山祖英の筆録には西有穆山提唱の『坐禅用心記啓迪』もある。こちらも永らく出版されることはなかったが、平成二四年に永見寺開創四百年記念として出版された。なお、『坐禅用心記提耳録』（岸沢惟安筆録昭和八年刊）も全く同じ提唱の筆録である。

『坐禅用心記啓迪』によると、富山祖英は慈光院、玉宗寺、鳳仙寺、永見寺の住職を勤めた。嗣法の弟子は、葛西慈観、守山雪心、逸見光宗、榑林皓堂《くればやしこうどう》、関泰英の五人である。

＊富山祖英―『正法眼蔵啓迪』、『永平家訓私記』などの筆録者として知られる。

十、『正法眼蔵啓迪《けいてき》』

◆今なお読まれ続けている名著

『正法眼蔵』を幕末から明治にかけて守り通し、次の世代に伝えたのは西有穆山である。

江戸時代中頃までは、難しくて分からんという訳で、専ら須弥壇に置かれていた『正法眼蔵』。

幕末から明治初め頃、『正法眼蔵』を継承していたのは、おそらく西有穆山一人だけであったろう。坐禅をはじめとする日々の行持《ぎょうじ》を通し、自分で納得するまで参究を続けていたのである。

明治に入ってから猛烈な勢いで若い修行僧たちに講義し続けた。その努力が実り、丘宗潭、秋野孝道、筒川方外、岸沢惟安などの後継者を大勢育てたのである。

今日書店に並んでいる『正法眼蔵』解説書のほとんどは、西有穆山に育てられた先導的『正法眼蔵』提唱者やその弟子、孫弟子、曾孫弟子によって書かれている。

西有穆山が『正法眼蔵』を講義した際の筆録集が『正法眼蔵啓迪』である。『正法眼蔵』全九五巻のうち、二九巻が収められている。今でも新本が入手可能である。

『正法眼蔵啓迪』は随身の富山祖英《とみやまそえい》という若い僧侶が、静岡島田の伝心寺での提唱時代から筆録を始めて、西有穆山が横浜西有寺《さいゆうじ》に移ってからも続け、大概の巻を筆録したという。西有穆山の貴重な提唱を記録するために、富山祖英は仏教学一般及び経典の勉学にも大変な苦労を重ねた。西有穆山の提唱の言外の意味をくみ取るためには、それらの勉強が欠かせなかったようだ。また、『正法眼蔵』を忠実に伝えるよう、浄書にはそれぞれに随分と時間を掛けたようである。膨大な下書きを整理しては浄書をしていった。最終の日付は昭和三年であった。

初めての出版は昭和四年、西有穆山没後二〇年である。二十三回忌に間に合わせたと思われる。この啓迪の背表紙には富山祖英著とある。中には西有穆山提唱、富山祖英聴書、榑林皓堂編、と書いてある。榑林皓堂は富山祖英の弟子で、後に駒澤大学教授・同総長になった人である。

次に、『正法眼蔵啓迪』の出版を時系列に見ていこう。

一、**昭和四年版**（二巻のみ）**正法眼蔵啓迪頒布会**

『正法眼蔵啓迪 第一巻』昭和四年一〇月五日発行

内容　弁道話

『正法眼蔵啓迪 第二巻』昭和四年八月一〇日発行

内容　摩訶般若波羅蜜　一顆明珠　即心是仏
備考　・第一巻、第二巻とも本文は榑林皓堂による手書き謄写。目次は活字版。
・正法眼蔵啓迪頒布会は駒澤大学内。
・序言・凡例に、関東大震災の焼失を免れた啓迪は五十余巻と記述あり。
・第一巻二二四頁、第二巻一九八頁。
・手書き謄写の版は第一巻、第二巻のみで終了。

初めて出版された『正法眼蔵啓迪』

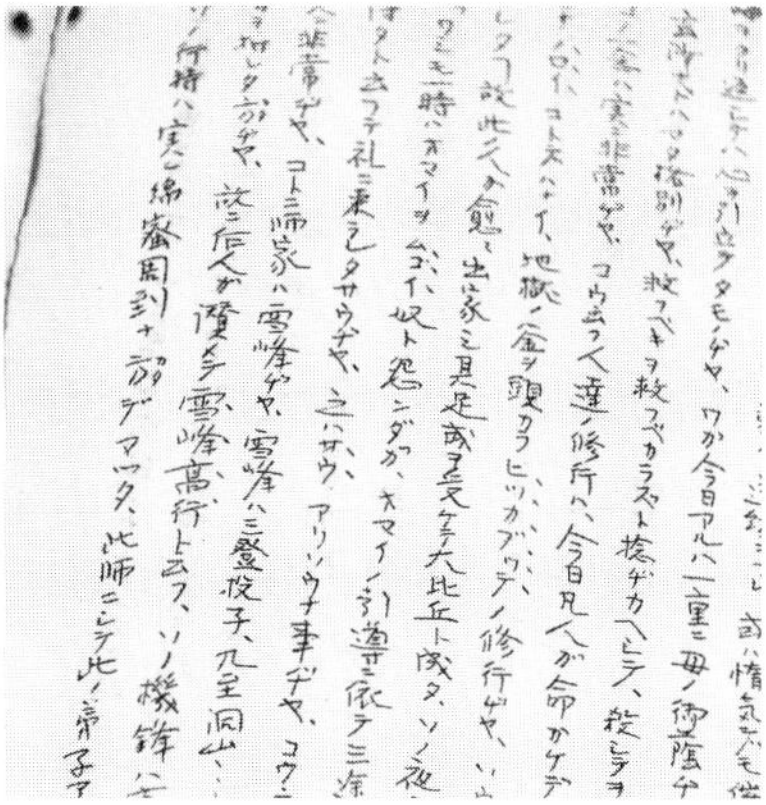
ガリ版刷りの文面　手書きのぬくもり

凡例の中で榑林皓堂は、富山祖英が聴書した下書きを壮年の頃に浄書した巻は「啓迪」、その後のものは「私記」としたと書いている。「啓迪」は西有穆山の卓越した提唱が後進への導きであると感激した巻。誤聞、誤記の存在や私見の混在が考えられる巻は西有穆山の迷惑にならぬよう「私記」としたという。

ガリ版の原紙はよほど注意して刷っても数百枚が限度である。大きな反響が寄せられたためか、ガリ版は二巻で取り止め、活字印刷に切り替えたようである。

翌年全一〇巻として出版された。詳細を次に記す。

二、昭和五年版（全一〇巻）正法眼蔵啓迪頒布会

『正法眼蔵啓迪 第一巻』昭和五年一一月一〇日発行
内容　弁道話

『正法眼蔵啓迪 第二巻』昭和五年一〇月一〇日発行
内容　摩訶般若波羅蜜　一顆明珠　即心是仏

『正法眼蔵啓迪 第三巻』昭和五年三月二七日発行
内容　海印三昧　山水経　心不可得

『正法眼蔵啓迪 第四巻』昭和五年二月二五日発行
内容　仏性　坐禅箴

『正法眼蔵啓迪 第五巻』昭和五年一月二七日発行

『正法眼蔵啓迪』10巻本（各巻箱入り）

内容　行仏威儀　有時　生死

『正法眼蔵啓迪 第六巻』 昭和五年四月二七日発行

内容　現成公案　古鏡

『正法眼蔵啓迪 第七巻』 昭和五年五月三〇日発行

内容　看経　神通　仏向上事　恁麼

『正法眼蔵啓迪 第八巻』 昭和五年六月二八日発行

内容　授記　観音　阿羅漢　栢樹子　光明　説心説性

『正法眼蔵啓迪 第九巻』 昭和五年七月二八日発行

内容　身心学道　夢中説夢　画餅　諸法実相　無情説法

『正法眼蔵啓迪 第一〇巻』 昭和五年八月二八日発行

内容　玄談（弁道話　摩訶般若波羅蜜　現成公案　一顆明珠　即心是仏　谿声山色

諸悪莫作　有時　山水経　法華転法華　心不可得　古鏡　看経　仏性　行仏威儀

仏教　神通　坐禅箴　仏向上事　恁麼　行持　海印三昧　授記　観音　阿羅漢

栢樹子　光明　身心学道　夢中説夢　道得　画餅　全機　都機　空華　古仏心

葛藤　三界唯心　説心説性　仏道　諸法実相　密語　無情説法　法性　陀羅尼

梅華　十方　見仏　徧参　眼睛　家常　龍吟　春秋　祖師西来意　優曇華　発無

上心　三昧王三昧　帰依三宝　生死　道心）
義雲禅師頌偈　面山禅師述賛

備考　・傍線の巻は本文提唱の記載が無く、玄談だけのもの。
・この版の序言では、関東大震災の焼失を免れた啓迪について、「依て茲《ここ》に正法眼蔵啓迪六十余巻中の要部を抜粋上梓して参学の高流に呈し、一分報恩の営みと致したい考えであります」と述べている。

三、昭和一八年版（全二巻）**代々木書院**

『正法眼蔵啓迪 上巻』昭和一八年二月二八日発行

内容　弁道話　摩訶般若波羅蜜　現成公案　一顆明珠　即心是仏　有時　山水経
心不可得　古鏡　看経　仏性　行仏威儀　神通

『正法眼蔵啓迪 下巻』昭和一八年二月二八日発行

内容　坐禅箴　仏向上事　恁麼　海印三昧　授記　観音　阿羅漢　栢樹子　光明
身心学道　夢中説夢　画餅　説心説性　諸法実相　無情説法　生死
玄談（昭和五年版と同文）
義雲禅師頌偈　面山禅師述賛　正法眼蔵開講備忘

備考　・上巻九七〇頁　下巻九七一頁

・奥付には　昭和五年一〇月二七日印刷

昭和五年一一月三日発行

昭和一六年二月二八日増補改訂第三版

昭和一八年二月二八日第四版（千五百部）

売価一五円（上下巻共箱入）

参考　・昭和一八年は太平洋戦争中で、よくぞ出版できたと思う。紙質はそれなりである。

・昭和一六年版は昭和一八年版と装丁が同じと思われる。

四、昭和四〇年版（全三巻）大法輪閣

『正法眼蔵啓迪　上巻』昭和四〇年二月一五日発行

内容　弁道話　摩訶般若波羅蜜　現成公案　一顆明珠　即心是仏　有時　山水経　心不

『正法眼蔵啓迪』上・下２巻本

可得
先師西有穆山和尚（岸沢惟安記）

『正法眼蔵啓迪　中巻』昭和四〇年四月八日発行
内容　古鏡　看経　仏性　行仏威儀　神通　坐禅箴
　仏向上事

『正法眼蔵啓迪　下巻』昭和四〇年六月二五日発行
内容　恁麼　海印三昧　授記　観音　阿羅漢　栢樹子　光明　身心学道　夢中説夢　画餅　説心　説性　諸法実相　無情説法　生死
義雲禅師頌偈
面山禅師述賛
『正法眼蔵』解題　榑林皓堂述

参考　・全三巻はオンデマンド版で入手可能。
・この啓迪の背表紙には西有穆山提唱と記され、本トビラには富山祖英聴書、榑林皓堂編、と記されている。

『正法眼蔵啓迪』上・中・下３巻本

第四章　人を育てる

西有穆山　〈自筆裏書に 七十五写影〉
（八戸市湊町　十王院所蔵）
島田伝心寺で若い僧侶や雲水に『正法眼蔵』
などを講義し、懸命に人を育てていた時代。

一、伝心寺に移る

◆可睡斎住職は忙しい

西有穆山は、明治一〇年（五七歳）から住職をしていた静岡袋井《ふくろい》の可睡斎でも若い人たちの教育に意を注いでいた。境内に万松学舎を開校して、雲水・若手僧侶の育成を図った。また、大阪では敲唱会《こうしょうかい》という演説会の設立に参画した。広く同門の有志を募って、時弊《じへい》を打破し、僧侶の品行を正しい方向に導かんとすることを目的とするものである。

しかし可睡斎は徳川家康が名付けたというほどの名刹で、住職は御前様《ごぜんさま》と呼ばれる格式の高い寺である。当然住職である穆山は多忙を極めた。本山の要請による地方寺院への巡教などもあって、一年先まで予定がびっしり詰まっていた。

明治一八年、辞職を考えて本山に願書を差し出すが、跡継ぎに適任者がおらず、加えて法系者《ほうけい》や檀家からの引き留めもあって、断念せざるを得なかった。

明治二〇年夏、眼蔵会結制安居《げんぞうえけっせいあんご》を行ったところ、二四二名もの僧侶が集まり、前代未聞、未曽有の眼蔵会と評判になり、西有穆山の名は全国にとどろくことになった。

記録によると、明治二二年までに授戒会《じゅかいえ》戒師の要請を受けること八五回、授戒者（戒弟）はおよそ二万三千余人であった。その他に結制安居の助化《じょけ》の要請が数十か所、接した僧侶は数千人あり、その中に後に宗内で頭角を現すものが幾人も居た。結制安居の中にも『正法眼蔵』をはじめ『大清規《だいしんぎ》』『碧巌録《へきがんろく》』『参同契《さんどうかい》』『宝鏡三昧《ほうきょうざんまい》』などの講義も怠らなかった。

＊助化―教化（教育）をなす師を補佐して、自ら道俗の教化に当たること。

◆伝心寺へ

明治二五年可睡斎の住職を日置黙仙《ひおきもくせん》に譲り、島田伝心寺に移る。伝心寺の辺りは道も悪く、何よりも伝心寺そのものが何にもないような小さな寺であった。それでも雲水が二〇名ほど随身《ずいしん》していたこともあり、毎日の托鉢の他、暁天夜坐《きょうてんやざ》などの行持《ぎょうじ》を厳重に勤めたので、地元の人気《じんき》も次第に良くなり、子供までもが道を通る時には礼儀をするようになったという。

伝心寺ではさっそく『正法眼蔵』の提唱を行う。聴講者に、筒川方外、原宣明、黒石老龍、吉岡宗法、栗林黙法、丘宗潭《おかそうたん》、宇佐美正順、笛岡凌雲《ふえおかりょううん》、長野普照等の名が見える。

◆秋野孝道も日参する

伝心寺から一里半ばかり離れた所に天徳寺という荒れ寺があった。本堂は無く、壊れかけた庫裏《くり》が一棟あるだけだった。秋野孝道は近いだけが取り得のこの荒れ寺の住職を選んだ。

伝心寺で一〇〇日間の眼蔵会があった時には、朝八時からの講義を聴くため、午前三時に起床して、暁天の坐禅、朝課諷経《ちょうかふぎん》を終えて粥《かゆ》を喫《きっ》し、一里半のところを駆け付けたのであった。

近年の伝心寺。今は無住となっている。

◆眼蔵会を開く

穆山は、随身たちの求めにも応じて眼蔵会を開いた。明治二九年には、秋野孝道、筒川方外、丘宗潭等の発起で三〇余名の聴講者に『正法眼蔵』を提唱し、翌年三月二七日に至って一同は散会した。このような長期の提唱は記録されているものとして、他に明治三二年に二ヶ月間余の提唱がある。

伝心寺には若手の僧侶、雲水が引きも切らずに押し寄せた。その中に、後に『正法眼蔵啓迪《けいてき》』

を筆録した富山祖英、『正法眼蔵全講』を提唱した岸沢惟安がいる。

◆おぎん婆さん

伝心寺には島田の町からおぎん婆さんという人が、雲水たちの世話をするために来ていた。雲水たちは着る物から、食べ物、飲み物まですべて世話になっていた。

このおぎん婆さん、西有穆山の感化を受けて、坐禅も理屈もよく知っており、雲水たちが伝心寺に行くのにひとつの関門だということになっていた。それで雲水たちは寺に入る時も帰る時も、おぎん婆さんの所に寄って行ったという。それで雲水たちはたいてい、おぎん長老と言っていたそうだ。

（参考文献『本山出頭後続記』、『禅の骨髄』、『正法眼蔵講話 弁道話』、『正法眼蔵全講』「弁道話」）

二、若い人を育てる

◆一善を喜ぶ心を起こす（岸沢惟安の話）

『正法眼蔵』の中に、「徳あるは褒《ほ》むべし」という言葉がある。これは当たり前だ。また、「徳なきは哀《あわ》れむべし」という言葉もある。これは容易にできることではない。

あいつは馬鹿だと言って笑ったりしないで、どうして利口にしてやろうとしないのだ。

穆山師が月潭《げったん》さまのところに居た時のことだ。

月潭さまの講義は何を聞いても分からないので、居眠りばかりしている小僧たちが穆山師の所に質問に来ていたのだ。その小僧たちに、四書五経や『用心集』、『坐禅儀』の素読《そどく》を教えられたそうだ。その素読を受けた人が、七〇歳になっても忘れないで、その事をわしに話してくれた。大慈悲だ。

徳のない人をなぶってはいけない。哀れんで、徳を育てるようにしてやらなければならない。

穆山師は、

「井戸の水だ。汲めば汲むほど新しい水が湧き出てくる」

そう言われて、よく出来た時には褒めて、一善を喜ぶ心を起こす。一善を喜ぶ心が起こると、その喜ぶ心が、また次の一善を呼び起こすのだ。次から次へと大きくなってゆく。

わしどもの知恵がちょうどそれだ。使わずにおくと馬鹿になってしまう。使えば使うほどよい知恵が出てくるのだ。

穆山師はそのようにして、人を育てられた。

（『正法眼蔵全講』「菩提薩埵四摂法」）

◆作務《さむ》の休憩に講義する（秋野孝道の話）

穆山師が相模の英潮院に居られた頃のことである。

初めて住職した時、裏山には一本の樹木すらなかった。そこで、後世誰かのためになるだろうと、杉の苗を植え始めた。

ある日のこと、雲水たちと一緒に杉の苗を植えに出られた。ところが、その休みの時間を利用して、さぁ、ここで講義をしようと言って、『大清規《だいしんぎ》』を提唱された。

こんな具合で、わずかの時間でも無駄にしないで雲水を導かれた。

（『高僧穆山』、『禅の骨髄』）

◆呼捨てにされない弟子になれ（岸沢惟安の話）

穆山師は始終こういうことを言われた。

「いつまでも師匠に呼捨てにされているような弟子は情けないな……」

それでは師匠のあとは嗣《つ》げないというのだ。

「師匠が呼捨てにすることのできないような弟子にならなければ、師匠の名を辱《はずかし》めるだけだろう。親の名を辱めることのないような子も同じだろう。それでなければ法は滅びてしまう」

そう言うのだな。

師匠から敬語をもって呼ばれる弟子、師匠以上にならなければ、師匠は敬語を使いはしないぞ。玄沙《げんしゃ》がそうだ。師匠の雪峰《せっぽう》がいつも呼捨てにしないで、備頭陀《びずだ》*、備頭陀と呼んでおられた。備というのは、玄沙のもともとの名は師備《しび》といった。玄沙というのは山の名だ。玄沙山の住職だから、玄沙と言っていたが、その名は師備だ。それを備頭陀と敬語をつけて呼んでおられたのだ。

（『正法眼蔵全講』「古鏡・行仏威儀・仏向上事」）

*備頭陀—頭陀は、衣食住に貪りの心をもたずただひたすらに仏道を求めること。

また、杉本俊龍（岸沢惟安の随身）の話も残っている。

穆山師は随身の者によく言った、

「お前らは姓を呼ばれる和尚になれよ、○○寺さんということは尊敬語で、名を呼ばずに寺号を呼ぶということは、その人の諱《いみな》を犯さぬというのが習慣だからだ。良いことには違いないが、それは一部分的な存在の人だ。天下に名のとどろく人はかえって姓が親しいのだ」と、それで見込みのありそうな随身には時折り姓を呼んだ。

すると、口さがない雲水どもが曰く、「一級品は姓、二級品は寺号、三級品は名、オレらのような格外品は名も呼んでもらえんワイ」と。

これは古来からの宗門の風習である。昔は姓のない人が多かったので、偉い人は道号で呼んだ。月舟《げっしゅう》・天桂《てんけい》・卍山《まんざん》・面山《めんざん》・黙子《もくし》、万仭《ばんじん》・玄透《げんとう》・黙室《もくしつ》・月潭《げったん》等である。はたの者が尊敬して道号を呼ぶので、本人もそれになってしまった。また、昔は一住三年といって、永くその地に住しないことが禅僧の心得であったので、寺号は転々として変わるから、かえって道号の方が便利になったのである。明治維新政府は僧侶にも姓をつけさせたので、以後は道号に代わり姓が通るということになった。

（『眼蔵家の逸話』）

三、育てられた岸沢惟安（本人の話）

◆惟安出家のわけ

穆山師が浅草の永見寺《えいけんじ》で眼蔵を提唱しておられたから、「有時《うじ》」の巻と、『禅戒篇』とを聞いたのだ。その時、穆山師が、

「石橋はたとえ腐っても、聞法の功徳は腐るものではない」

と言われた。それを聞いてわしは頭を剃る決心をした。

それから少し後、穆山師とお話をしている時に、大学林の学監《がっかん》の村山さま、教頭の折居さま、お二人が来られたものだから、お邪魔をしては悪いと思って、おいとまして戻った。

半年ばかりして出家したくなったので、弟子にしてくれますかと、聞きに行くと、弟子にすると言われる。そしてそれをすぐに発表してしまわれた。そして弟子になった。

その後五年ばかり経って、横浜に来てからのことだが、穆山師が、

「きさまが永見寺に来た時に、折居と村山と二人来たが、知っているか」

と言われた。むろん覚えていたので、

「お見舞いにお出でになったのでしょう」と言うと、

「きさまが坊主になる時節がきたのだ。おれが勧める訳にはいかないから、二人に来てもらったのだ。きさまが漢学理屈をこねると困るから、折居も呼んだのだ。その時きさますぐに帰ってしまったので、酒二升ただ飲まれてしまったよ。その後で時節が来たから、きさまの方から弟子にしてくれと言うて来たのだ」

そう言われたよ。

穆山師はちゃんと時節を知ってござるのだ。

（『正法眼蔵全講』「無情説法・坐禅箴」、『駒澤大学講演録 昭和11年』）

◆陰徳を損ずる

わしが頭を剃ったばかりの頃、九月の二六日に頭を剃って、翌年の一月に江湖《ごうこ》から戻り、その翌日だったかもしれない。門前の山岸という檀家が、本寺（静居寺《じょうごじ》）の和尚と、兄弟子と、わしとを請待《しょうだい》してくれたのだ。

ところがわしは、ないかいいいかい、なむからたんのう（大悲心陀羅尼《だいひしんだらに》）もろくに読めないのだ。それでどうも御馳走になるのが窮屈で、兄弟子に相談したのだ。ところが兄弟子も、そうか、それなら行かずに居れよと言うから、行かないでいると、穆山師が出てきて、

「きさまなぜ行かないのだ」

「へい……」

「へいではない。お経が読めないから行かないと言うのだろう」

「へい」

「行け、きさまがお経を読めないことは、山岸がよく知っている。それを承知で招待したのだ、早く行け」

「お経が読めないのに御馳走をいただいては……」

と言いかけると、穆山師が、

「それが間違いだ。お経の読めないのを承知で呼んだのだから行ってやるのだ。それが陰徳になるのだ。行かないで向こうの親切を無にすれば、かえって陰徳を損するのだ」

と言って叱られた。

「さあ行け、さあ行け」

と、お袈裟を自分で持って来てわしに持たせて、追い出されましたよ。

行くと、みんなもうお膳に坐っていた。わしがお袈裟を出そうとすると、

「なーに、お経は結構です。御馳走を食べてからでよいです」

と言うので、小さくなって御馳走を頂いた。のどを通りはしなかったな。お膳が済んだから、お経に読みかかろうとすると、

「なーに、この次でよろしいです」

と言うので、ついにお経も読まずに戻ったことがあったな。

結局、向こうはわしが供養を受けたから満足だ。もし向こうが満足しなければ、せっかくの供

養も供養にならない。

漢学流儀を出して穆山師に叱られたのだ。

このようなことは仏でなければ分からない。俗情で考えても分かることではないのだ。


（『正法眼蔵全講』「神通・行持〈上〉」）

◆砂を動かすでない

わしが頭を剃った翌年の夏のことであった。ある時、お庭掃除をしていると、師匠が出て来て、

「きさま、何をしている」

何をしていると言われても、箒《ほうき》を持って大地を掃《は》いているのだ。聞く必要はあるまい。それを、きさま何をしているのだ、と言う。

「へい、掃除してます」

「掃除はごみだけ掃けばよいのだ。砂を動かさんでもよい。ごみだけ掃け」

怖い最中だから、「へい、へい」と言いながら、力が入るから余計に砂が動く。始末に負えないのだ。とうとう、

「砂を動かすでないと言うのに……」

と怒鳴られてしまった。

「この砂利は銭を出して大井川から運んできた砂利だ。それを掃き溜めに入れてたまるか」

と言って叱られるので、一生懸命になってやるが、どうも力が入って筋がつくのだ。そうすると、

「仏さまの身に傷をつける。*仏身血を出す。五逆罪だ」

と言うのだ。

「よこしてみろ」

と、師匠が自分でやって見せたが、ごみだけが箒にからまってゆくのだ。

それでも一年半、一生懸命に庭掃除をして、それから東京に出て*立職《りっしょく》した。浅草であったから、東京の中でも寒い。寒い時であった。霜柱が五寸（15㎝）以上も立つのだ。ことにその年は寒かった。そんな中で裸足で庭掃除していた。すると堂頭《どうちょう》和尚が外に出かかって、わしの庭掃除しているのを見ているので、

「御前様（師匠の穆山師）が、庭掃除をするには、ごみだけ掃けばよい。砂を動かすなと言われましたが、なかなかできません」

と言って、いささか自慢のつもりでやっていると、堂頭和尚は、うん、その通りだ。と言うのみで、そのうち少し気に入らぬところがあるとみえて、箒をよこしてみなされ、とわしの持っていた箒を取って、自分で掃いてみせた。やはりごみだけ箒にからまってゆく。こういうふうにやる

のだ、と言って出てゆかれた。

その老僧は穆山師について二〇年ぶったたかれた人だ。それを一年半修行したものが追っ付きようはないわけだ。お庭の掃除までがそのように師匠と弟子と活版刷りだ。

（『正法眼蔵全講』「行持〈下〉」）

＊仏身血―仏の身体に傷をつけて血を出すこと。五逆罪の一つ。

＊立職―法戦式で問答を受ける。長老と呼ばれ、僧侶になる資格を得る。

◆頭を剃ったばかりで商量した

わしが頭を剃ったばかりの翌夏に、静居寺《じょうごじ》という、昔、天桂《てんけい》禅師の居たお寺に安居《あんご》したのだ。暁天《きょうてん》（坐禅）に出たところが、非常などしゃ降りになった。境内の隅の方に滝がかかっていて、その滝の音がすごい、豪雨の音と、その滝の音と、そのうちに板《はん》が鳴り出した。それが一時に鳴り出したものだから愉快でたまらなかった。穆山師が起きられたばかりのところに線香を持ってゆき、

「瀑声《ばくせい》、雨声《うせい》、板声《はんせい》一時にきたるとき如何《いかん》」とやった。

「鏡を打破《だは》し来たれ、汝《なんじ》と相見《しょうけん》せん」

その時師匠は坐りなおして、そう言われた。

鏡をぶち壊して来い。そうしたら言って聞かせるというのだ。さあ分からない。うまいつもりでやったのだが、分からない。

「分かりそうなものだがな」

「へい」

「分かりそうなものだがな」

いくら言われても分からない。

「ひと口なんとか言え」

「へい」

「ひと口なんとか言え」

言われれば、言われるだけ言い出せないで、とうとう引っ込んでしまった。そんなものだよ。師匠がいくら骨を折ってくだされても、こちらが受け取ることができないのだ。

ところが、それから何年もたった時のことだ、穆山師がかわいがっておられた旧随身の人に行き遭うと、その人が、

「あなたは頭を剃ったばかりの時に、穆山禅師に*商量《しょうりょう》したというじゃないか」

と言われ、思い出さなかったが、

「静居寺でやったろう」

と言うから、あれは失敗に終わったのだと言うと、

「禅師がな、頭を剃ったばかりで商量に来た。『あれはものになるぞ』、そう言うて喜んでおられたよ」

そう言っていた。やはり穆山師も人に話されたとみえる。（『正法眼蔵全講』「大悟・仏向上事」）
＊商量―問答などをして、相手の器量や考えを推し量ること。

◆筆記を取り上げられた

出家したばかりの時に、穆山師から、

「きさま、わしの講義を筆記しておけ」

そういうふうに言いつかった。それで東海道の島田の在《ざい》に三年いた。その三年の間筆記させられた。それから横浜に行った後は、

「もう筆記をすることはならぬ」

そう言って筆記を止められてしまった。それで一時は筆記をやめてみたが、聞いている時は分かるが、さて自分の寮に戻って、提唱と書物とを比べてみると、どこをどのように言われたのか

分からないのだ。それのみならず忘れがちだ。そのためにまた筆記を始めたのだが、書いていると、

「この野郎、また書いているな」

と、どっ叱られてしまった。

「わしはきさまを蓄音機にするのではない。わしの意味を呑み込みさえすれば、それをきさまの口で勝手にしゃべれ」

と、そう言われた。確かにありがたいお言葉だ。それっきりわしは穆山師の講義の筆記をすることはやめた。あれに書いているから大丈夫だと思っているうちに、鼠《ねずみ》にかじられたらおじゃんになってしまうのだ。

わしの意味が呑み込みがついたら、きさまの口で勝手にしゃべれ。そう言われて、眼《まなこ》を取りかえられたのだ。

自分で学んだことはすべてほかし出してしまって、空《から》にしなければ、師家《しけ》の教えがこの身に入るものでない。だから自分を抛《なげ》うつことが修行の第一歩だ。自分を抛うつとは、我慢を捨てることだ。自己の主張を捨てることだ。自己の主張を持っている間は、そのものと一つになることはできない。

それだから「眼授せり」。（正法眼蔵面授）

（『正法眼蔵全講』「唯仏与仏・仏向上事・夢中説夢・道得・王索仙陀婆」）

◆夜中の坐禅

わしは他の人が修行を終わった三二歳で出家したから、後に幾らもないから、一生懸命だった。古人は眠らずに坐禅弁道なされたとか、『随聞記《ずいもんき》』にも、高祖さまはたいてい二、三時間しか眠らないで坐禅を勤めなされたというのだから、それを真似《まね》て、他の人の寝てしまった後で、本堂で坐禅をした。それが半年か、一年ばかりも続いていた頃、穆山師が夜中の点検に来て見つかってしまった。

「誰だ」、「誰だ」

と呼ばれた。

どういうものか、穆山師が泥棒を怖がることは不思議だった。日に二、三回はたいてい寝言で、泥棒、泥棒、と言っていた。

わしだと見ると、

「この野郎、きさまか。くたばってしまえ。日暮れて道遠し、遅く坊主になったからといって、他の人の寝てる間に坐禅しようというのだろう。却下《きゃっか》を見ず、向こうの方ばかり見てつっ飛ぶから、溝や穴に落っこちるのだ、くたばってしまえ」

と、ひどく叱られた。

まことにそうだよ。動静《どうじょう》は大衆《だいしゅ》に一如《いちにょ》す。寝る時は寝る、起きる時は起きるのだ。それが枯木だよ。生まれる時が来れば生まれる。死ぬ時が来れば死ぬ。歳を取れば腰が曲がる。それでいいのだ。


（『正法眼蔵全講』「竜吟・道心」）

◆日に二〇返叱られた

穆山師はことにきついお方であった。優しくしていると印象に残らない。そういうのが穆山師の腹の中であった。それだから、目を見張るような言葉が次から次と飛び出してきたものだ。

わしは一日のうちに少なくて二〇返は叱られましたよ。少なくて二〇返だ。三〇余の髭面《ひげづら》かかえて、日に一〇回は男泣きに泣かされたものだ。それがまた正当な泣かせ方ではない、無理に過失にして、叱言《こごと》を言うて泣かせる。泣かせるのではない、我見《がけん》を取り上げてしまうのだ。無理だ、とでも思えばもう我見だ。不平があればむろん我見だ。

顔色を見ていて叱るのだ。青くなると赤くなるまで叱る。青筋を立てると、それが無くなるまで叱る。その叱られる度ごとに、妄想《もうぞう》が一枚一枚剥《は》がされてゆくのだ。

だから師匠は叱るのではない。一歩一歩仏さまに近づけてくだされているのだ。大慈大悲《だいずだいひ》だ。一日も早く仏にしてやりたい。それより他に師匠の本願はないのだ。

だから叱られれば叱られただけ仏になることが早い。火中、水中に打ち込まれるのを嫌がるから、仏になりそこなってしまうのだ。

（『正法眼蔵全講』「弁道話・洗面・面授」）

◆南天の花

わしが、花が無くなったから、南天の花を仏さまに供えていた。

ところが、穆山師が、わし一人留守居しているのに、

「その花は誰が立てた」

「わしが立てました」

「なんで立てた」

これには困った。それで、

「ほかのお花がありませんから立てました」

「なんで立てた」

「へい」

「へいじゃない、なんで立てた」

「ほかにお花がありませんから……」

「この花は、いまに赤い実がなる。なぜそれまで待たぬ」

「………」

「これはな、人でいうと青年時代だ。その時折られてしまうと、一人前になりようがない。使うのなら、なぜ一人前になってから使わないのだ」

とやられたのだ。

続けて、

「稲は実が入ってから刈るべきだ。それをなぜ花のうちに折ってしまうのだ。無慈悲だ、浄信《じょうしん》が現れないからだ。草の花の一本も無駄に折ってはならない」

また、

「どうも、わしが始終お寺を留守にしているものだから、帰ってみると、村の人が持ってきたものを枯らしてしまっている。どうも仕方のないものだ。草木がひとりで枯れたつもりでいる。保護しさえすれば、枯らさなくてもよいのだ。どうも浄信の現成《げんじょう》しないあいだは駄目だ。いくら力んでも駄目だ。衆生済度にはならない」

（『正法眼蔵全講』「谿声山色・伝衣・菩提薩埵四摂法」）

◆『論語』のくせ

島田の伝心寺に居た時のことだが、もと穆山師に随身していたのが還俗《げんぞく》して、浪人しているという人が来て、一晩泊まって行ったことがあった。わしが念経《ねんきん》を読んでいる時に、隠寮《いんりょう》で穆山師と二人で一杯飲んでいた。翌日帰って行ったあとで穆山師が、

「きさまの念経読んでいるのを聞いて、『あれはどういう人です。まるで、論語を読んでいるようですな』と言っていたぞ」

と言われた。

そのわしの『論語』の癖《くせ》を取るのに、穆山師がどれだけ心配してくだされたか分からない。

「きさま義太夫を稽古しろ」、そう言われたこともあった。

お経は節をつけないでなだらかに読まねばいかんと言って、時々お染久松を語ってくだされたものだ。

（『正法眼蔵全講』「授記」）

◆帳面と鉛筆

穆山師はお経を読んだ後で、また祈祷が済んだ後で、何かしら陀羅尼《だらに》を唱えておられた。何を

唱えているのだろうと思って、それを尋ねると、補欠真言《ほけつしんごん》を唱えていると言うのだ。発言《ほつごん》が間違ったり、読み落とした文字があったりするものだから、その補欠にするというのだ。

それを教えてくださいと言うと、明日教えてやると言われるから、翌日に帳面と鉛筆を持って、三拝してどうぞ教えてくださいとお願いすると、教えることはならぬと言われる。

仕方がないから、引き下がって、その翌日またお願いに行くと、またまたならぬと言って、教えてくれない。

「何か悪い所があれば、直させていただきます」

と言うと、

「その帳面がいかぬ」

と言われる。

わしの持っているものの中で、特別によい帳面であったので、

「これよりよい帳面はありませぬ」

と言うと、

「それはそれでよいが、鉛筆がいかぬ」

と言う。

そこでその翌日は硯箱を持って、帳面は袱紗《ふくさ》に包んで行って、それでやっと教えていただくこ

とができた。

（『正法眼蔵全講』「供養諸仏」）

◆大学に行かせてくれぬ

わしが横浜にいた時に、事務ばかりとらせられた。不平でたまらなかったのだ。兄弟弟子はみな大学林に入れてもらった。わしだけ入れてくれなかったのだ。もっともすぐの兄弟子は大学に行かずにしまったが、これは学問が嫌いだから行かなかった。わしは学問がしたいから坊主になったのに、事務ばかりとらせて、学校に入れてくれなかった。

「学校にやってください。留守居《るすい》ばかりではたまりません、何のために坊主になったのか、訳が分かりません」

「やらない」

幾たびか学校に入れてくださいと頼んだが、お許しがでない。やっきりしたものだから、無鉄砲なことを言ったものだ。

「学資など要りません。お暇《ひま》だけ頂きたいのです」、そう言うと、

「暇もやらない」

「それでは、どこか雲水にだしてください」

「どこに行く」

「誰某《なにがし》さんの所に……」

「あれはいかぬ」

「それでは誰某さんの所に……」

「あれもいかぬ」

やらぬ、やらぬばかりだ。そして最後に、

「わしよりえらい人があったら行け」

「それでは行き場はありません」

「それではじっとしておれ」

というので、事務ばかりとらせる。

その後、穆山師が本山に晋山式《しんさんしき》に行かれるときに、總持寺《そうじじ》の手前四里（16km）ばかりの所に穴水という町がある。總持寺に禅師として初めて行かれる時には、そこを宿にして赴かれた。そこに泊まられたから、朝参《ちょうさん》の挨拶に行くと、小塚仏宗師が、

「禅師様、あなたは岸沢をどうするおつもりですか」

「わしの弟子だ」

「それは分かっていますが、こう遊ばせておいてどうするのです」

「雲水に出たいと言っている」
「おやりになったらよいでしょう」
「何処にやるのだ」
「筒川さんのところにおやりなさい」
「あれもそこに行きたいと言っている」
「それなら、なおのことおやりなさい」
「やらぬ、病気（漢学）が同じだからな」

（『正法眼蔵全講』「礼拝得髄・坐禅箴・仏向上事」、『駒澤大学講演録 昭和11年』）

◆奈良に行くか

留守居ばかりさせられても、遊んでいる暇はなかった。
午前は大衆《だいしゅ》のために、自分の力だけの講義をしているし、午後になると檀信徒《だんしんと》の所を、二軒三軒と回って歩いた。その道程はたいてい四里か五里だ。それで済むかというと、明日の下調べ、それから夜坐を勧め、翌朝は暁天《きょうてん》を勧める。暁天は一度も欠かしたことはなかった。それから行持を勧め、日天掃除《にってんそうじょ》、それから法益《ほうやく》、それが一日の仕事だから、仕事には骨を折ったものだが、学校には行きたいのだ。

ところが珍しく本山から戻ると、

「きさま、奈良に華厳学《けごんがく》の研究に行くか」

と言い出された。

「やってくだされば行きます。身体が耐えるかどうか健康診断してください」

それから、穆山師の姪《めい》にあたる人が医者稼業であったから、そこに行くと、「大丈夫です。受け合います」ということだったので、よしきたと思って、戻って来て、

「大丈夫だと言われました」

「そうか、それでは時機《じき》をみて……」

ところが、その時機がいつまでたっても来ないのだ。

それで、

「奈良行きはどうです」と催促《さいそく》すると、

「まあ止めだな」

とうとう雲水にも出されず、学校にもやってもらえなかった。

そのおかげで塵埃《じんない》が耳に入らずにしまった。華厳学がどうの、天台で言うとどうのと言えば、それは華厳学であって、道元禅師の高祖道ではない。生一本に高祖道にぶち込むには、他所に行

って は塵埃が入るのだ。これは穆山師の大慈大悲だと、ずっと後になって気がついた。
（『正法眼蔵全講』「嗣書・仏向上事」）

◆丘宗潭《おかそうたん》ならよい

それでも師匠の所にいる間は、不平でたまらなかった。

穆山師には随身《ずいしん》の人がたくさんあったが、それらの人が皆、西有さんの衣鉢《えはつ》を継いだのはわしだ、わしだと言っていた。そういう人の所に雲水に出してくださいと頼むと、

「やらない」

と言われるのだ。

「彼は漢学者だ、きさまも漢学仕込みで、病気が同じだから、あそこにはやらぬ」

と言われる。また、

「彼は文字《もんじ》がない。文字ではお前の方が上だ。ことに気の小さい奴だから、あれに行くと師家を馬鹿にして、慢心を起こすだけだから、彼の所にはやらない」

と言われる。ところがさ、その人が西有さんの衣鉢はわしが継いだと言っているのだ。それでわしが、

「丘老僧（修禅寺）の所にやってください」

と言うと、

「うん、行け」

と一言でお許しが出た。

するとも穆山師の衣鉢を継いだのは丘宗潭老僧一人だ。その丘老僧は、衣鉢を継いだなどとは一言も言われなかった。だから黙っている方に、かえって穆山師のお気に入りがあるのだ。


（『正法眼蔵全講』「梅華」）

◆自由におはようと言え

穆山師が本山に出られてから、休みの日に隠居所に戻られた時のことだ。

ある朝、まだ穆山師が寝ておられる所に行って、これこれのことです。そう言って、穆山師の指揮を仰いだのだ。そうすると穆山師は寝ていて、その指図をしてくだされた。

そのうちに起きて出て、顔を洗い、お経を読まれ、さて下《くだ》り向きに坐られたから、お茶をもって行き、

「お早うございます」

と言うと、穆山師が出し抜けに、

「きさまはわしの弟子ではない」

と言われた。

「あなたの弟子でなければ、誰の弟子です」

と言うと、

「それでもわしの弟子でない」

「どこが弟子でないところです」

「きさま、今朝わしの所に来て、お早うございますと言わなかったな」

「へい、言いません」

「なぜ言わぬ」

「お休みになっているところに言えば、無礼になりますから言いません」

「それだからわしの弟子でない」

「お休みになっている時でも言ってもよいのですか」

「そうだ言え、顔を洗っている時でも、便所に入っている時でもよいから言え」

そう言われるのだ。てんからお話にならぬ。ところが「安居《あんご》」の巻に皆そのことがあるのだ。

師匠と弟子の間だから、寝ている所でも、たとえお便所に入っている時でも、お早うございます。

挨拶してよろしいというのだ。しかし、他人にはそうしてはならない。そこが大事なのだ。師匠と弟子は特別なところがあるのだ。階級と平等、つまり思量底《しりょうてい》と不思量底《ふしりょうてい》との境がそこにあるのだ。

「安居」の巻を、それをそれまでに幾度も見ていたのだけれども、自分で気付かずにいたのだ。その気が付かずにいたところを、

「きさまわしの弟子でない」

そう言って、気付かせてくださったのだ。

（『正法眼蔵全講』「即心是仏・坐禅箴・栢樹子」）

時、所をきらわないが言わねばならない。親しみのなかに礼儀がある。その親和と礼儀とが自由がきかねばならない。それを漢学流儀で、礼儀ばかりを守っていたのだ。顔を洗わないうちにお拝をすれば、両方ともに罪がある。そういうことも眼蔵にある。それをかっ払ってしまわれたのだ。

それだから禅というものは、今日の上に実に緻密《ちみつ》に行われているのだ。禅はただ書物で覚えただけでは役に立つものではない。その時、その時に当たって、こうだ、ああだと、出すぎればばたたきこみ、引っ込めば引っ張り出され、引っ張り出されたり、たたきのめされたりする。

（『正法眼蔵全講』「栢樹子」、『参同契葛藤集』）

◆滅を滅する

穆山師が、まだ朝のうちに寝ておられる所に入って行ったら、いきなり、

「きさま、諸行《しょぎょう》無常《むじょう》、是《ぜ》生滅法《しょうめっぽう》は分かるだろう」

と言われるのだ。そして、

「生滅滅已《しょうめつめつい》、寂滅為楽《じゃくめついらく》は分からないだろう」

と言われて困ったのだ。

「へい」と言うと、相変わらず、

「へいじゃない。生滅滅已、――生《しょう》を滅《めっ》することは知っているだろう。死にさえすれば生は滅する。それでよいつもりだろう。それはまあそれでよい。そういう意味ではないが、まあそれでよい。滅《めっ》を滅《めっ》してみろ、どういうように滅するのだ」

そう言われたのだ。

それ見なされ、こちらは気が付かずにいるけれども、生滅滅已、寂滅為楽、お葬式があればぶら下げるのだから、誰もが知っておらねばならぬが、誰も知っていないのだ。

だから話しておく必要があるのだ。生を滅する。それはできるだろう。滅を滅するには、どの

ように滅するか、さ、それでな、四、五年いじめられた。顔を見ると、滅を滅する、どういうように滅する。滅を滅することができなければ寂滅為楽ではない。滅を滅することができなければ生を滅することもできないぞ。そうすると諸行無常、是生滅法、それも分かっていないのだ。全部分からないことになる。そうすると安心《あんじん》はつかないのだよ。

それだからな、善知識がみな話しておかねばならないことは、善知識の方から力を添えて、弟子の力だけでは尋《たず》ねられないことを、それを尋ねさせて、教えてくださるのだ。

（『正法眼蔵全講』「心不可得・大悟・道心」）

◆漢学小僧の詩偈《しいげ》校正

穆山師は虚心《きょしん》な人であったから、自分で俳句が出来るとすぐに俳諧師《はいかいし》に見せ、和歌が出来ると、和歌よみに見てもらう。漢詩や偈《げ》を作ると弟子に見てもらうという人であった。

詩や偈（詩偈）を他の人に見せないとき、必ずわしに見せてくだされたものだ。

「きさまは無遠慮《ぶえんりょ》に直すから気持ちがよいな」

と言って、いつでも見せてくだされた。法の上に師匠なし、弟子なし。無遠慮に直した。直して持っていくと、一度でよく直ったと言われることがある。それは穆山師が、自分で書きたいと思った通りに直った時だ。その時は、よく出来たと褒められる。

ある時はまた逆襲されることもあった。

「きさま、どういう心組みで、ここをこう直したのだ」

と聞かれる。それで、

「こういう意味だと思って、そうしました」

「そうではない。そういう意味ではない」

「その意味ならば、この文字では出せません」

「こういう意味だ。きさまのいう意味は違うぞ」

「それではわしが違います。もう一度直してきます」

そう言って、穆山師の言われた意味に直してゆくと通過するのだ。ところが逆襲が二度や三度では済まぬときがある。

「どういうつもりで……」

とくるから、

「こういう意味で……」

と言うと、

「そうではない、こういう意味だ」

「それでは、これでは、そうと受け取れませぬ」
「受け取れなければ、そういう意味だから、そういう意味に受け取れるように直せ」
と言って、二度でも三度でも直させて、自分の気に入るまで直させる。その間わしは油をしぼられ、油をしぼられた。わしが脱線しているところをたたいて、たたいて、そうして自分の軌道に入れるのだ。

詩や偈を直すという、それだけの事ではない。それはわしの仏法に対する意見を、穆山師がそのように直してくだされたのだ。本師の仏性はこのようなものだという事について、わしの書いたものが違うから、それでは駄目だ、仏性に外れているぞと、こう言ったのだ。それがまたお気に入ったということは、これが仏性に当たったという証明になっているのだ。これが師匠に付いたありがたさだ。

（『正法眼蔵全講』「摩訶般若波羅蜜・伝衣・仏向上事・授記」）

◆穆山師亡き今

いま眼蔵の下読《したよ》みをしている時、穆山師が居てくだされればなあと、わしは始終それを思う。そのたびに頭痛を病むのだ。ところがまた師匠が生きていてくだされて、それはそう、これはこうだと言ってくだされば、お聞きしさえすれば分かるということになって、自分で苦しんで考えるということをしなくなる。それではならぬから、師匠はご遷化《せんげ》（亡くなること）なさるのだ。

お終いの頃になると、

「それは丘（宗潭）が知っているから、丘に聞け」

そう言って、自分では話してくださらなかった。

それが、わしを修行させせんがための慈悲心だ。


（『正法眼蔵全講』「発無上心」）

四、人を育てることは最高の功徳《くどく》

西有穆山は、「人を育てることは最高の功徳だ」と言っている。育てられた人が社会の役に立ち、さらにまた人を育て、功徳が広がっていくからであろう。

西有穆山の人の育て方は、弟子の岸沢惟安にも伝わったようだ。岸沢惟安の孫弟子にあたる旭傳院前住職故田中慶道《けいどう》*老師が、平成一五年に西有穆山禅師没後百年記念講演で話されたことを紹介する。

◆岸沢惟安老僧の想い出（田中慶道の話）

「叱られるということはいいことではないが、叱ってくれる人を持つということは幸せなことである」。私は少し前、寺の伝道板にこのようなことを書いた。

私が中学一年へ入学したばかりの時であった。

学校で国語の教師が、辞書の必要なことを話し、欲しい人は申し込むようにと、その希望者を募った。生徒の中には当然必要なものとして、その場で即時に申し込む者もかなりあった。私は、とにかく師匠に相談して、師匠の許可があれば注文しようと思った。

帰ってから、師匠にその話をすると、しばらくして師匠は一冊の辞書を出してくれた。それはかなり厚い辞書であったが、いかにも旧式で、その当時の生徒が使うには実のところふさわしくなかった。

みんなが新しい辞書を持っているのに、こんな辞書ではという恥ずかしさも手伝って、ブツブツ拗《す》ねていると、奥の部屋から突然、

「けいどうッ」

と私を呼ぶ岸沢老僧の大きな声が聞こえた。その声の大きさで、これは「ちょっとまずいな」と思った。普段なら「けいどう」と優しい声だ。

行ってみると、

「お前はそこに座っておれ」

と言って、ご自分は机に向かって書き物をしておられる。

私の座っている位置は、老僧の斜め右後方であるが、老僧の所からははっきり分かる位置である。

一時間位座ったであろうか、足が痛くなったので、「便所に行ってきます」と言って、便所へ起《た》った。帰ったら許しも出るのではないか、という秘かな期待を抱《いだ》いていたが、そうはいかなかった。仕方がないのでまた座った。そのうちに座り疲れてコックリコックリ眠り始めてしまった。

突然、「コツン」と音がして右の肩に痛みを覚えた。ハッとして目を覚ますと、老僧が私の前に笏《こつ》を握って立っておられた。そして、その笏で肩から背中にかけて打ち始められた。

我慢して座っていたがだんだん前かがみになってしまった。初めは勘定もしていたが途中から勘定もできなくなって、いくら打たれたのか覚えていない。気がついた時にはやんでいた。

もうどうすることもできなかった。やっとのことで座り直した時、涙がとめどもなく流れた。

その時、静かな声で、

「これをお前にやる」

と言って、一冊の辞書を下さった。

それはまだ新しく、最近本屋から取り寄せられたばかりの塩谷温の『新字鑑』であった。私が小僧時代を振り返る時、このことが最も鮮明に浮かんでくる。

禅門の叱り方は理屈では分からない。私はその時どうしてこんなに叱られるのか分からなかった。

「従順とは素直なり。素直とは意気地がないのではなく、やるだけのことはやり徹《とお》すという強さである」。

これは老僧の言葉である。

私は、あの時の叱責《しっせき》は当時の私の不従順に対する鉄槌《てっつい》であったと、今思っている。

「厳しい時は徹底厳しく、優しい時には徹底優しく」

これも老僧の言葉である。

こんな言葉の中に、常に机に向かって書きものをしておられる厳しい老僧の横顔と、ハイハイと言って頭を撫《な》でながら大きく笑っておられる老僧のお顔とが重なってくる。

私はそれ以来その辞書を愛用している。今ではボロボロになってつぎはぎだらけではあるが、私にとってかけがえのない大切な辞書である。

（参考『正法眼蔵全講』月報20）

＊語り手、田中慶道―西有穆山の曾孫弟子。詳細は巻末。

第五章　西有穆山の伝説

『直心浄国禅師逸話集』　山口謙哉画伯筆
西有穆山の生涯を色紙に描いたもの。西有寺の伽藍とともに横浜空襲で焼失。幸いにも写真が残り、それをもとに昭和三十年代に八戸で彩色復元された。写真は現在所在不明。一枚目のみが『デーリー東北』紙面に残る。

一、九歳の決意

幼年の穆山

穆山が歩いて来た。いや、まだ万吉と呼ばれていた頃の穆山である。数え年六歳の万吉、身なりはそれなりにちゃんとしており町方の子という感じである。時は江戸時代末期の文政九年（一八二六）のこと。

南部八戸《はちのへ》藩の城下《じょうか》から一里（４㎞）ばかり離れた浜通村に向かって一本の道が延びている。その道の前方に館鼻《たてはな》岬の上ノ山という高台が見える辺りまで、万吉は歩いてきた。

新井田川の河口に近づくと歩いている人も多くなり、磯の匂いに浜の活気が加わってくる。懐かしい匂いではあるが、万吉はちょっと途方に暮れていた。この先どっちへ行ったらよいか分からない……。その時、

「あれっ、万吉でねえが」

と一人の女の子が声をかけてきた。

「なにしてここに居るの、一人かい」

それを聞いた万吉の目にはたちまち涙があふれてきた。

近所の女の子によって家まで送られてきた万吉を見て、両親はびっくり。それもそのはず、三年前に、子供のいなかった母方に養子に出した万吉である。城下にある母の実家から一人で戻ってきたようだ。

「どうして戻ってきたのかぇ」とたずねる母に、

「赤ん坊が生まれたがら、あっちさ帰らない方がええんだ《いいんだ》」

と万吉は当然のように答えた。

母は、実家に男の子が生まれ、それでも祖父母は相変わらず万吉の方を可愛がっている事、それが近所の人々のうわさになっているという事を、ふと思った。

六歳とはいえ利発な万吉のことだ、きっとその事に気付いたに違いない。

「よぐまぁ、自分の生まれた家《え》が、わがったなぁ《わかったね》」と問う母に、

「ずっと忘れたごどぁ《ことが》、なかったよ」

と言って、嬉しそうに家の中を見回す万吉である。

間もなく、母の実家の祖父母が万吉を連れ戻そうとやって来たが、万吉は頑として戻らなかった。

後に西有穆山となる万吉は、文政四年（一八二一）、豆腐造りとうどん屋を家業とする父長次郎、

母なをの間に誕生する。

父は仏長次郎と言われるほどのお人好しである。母は近隣から鬼婆《おにばば》と言われる厳しい人であるが、長次郎の持つ借財を二年足らずで返済した働き者であった。長次郎には先立たれた先妻との間に男の子がいたが、万吉は、父と母との間に生まれた初めての子である。

地獄極楽絵図を問う

九歳、母の実家の菩提寺《ぼだいじ》である願栄寺にお参りに行った時のこと、万吉は以前から気になっていた地獄極楽の掛け図を見て、母に聞いてみた。

「お母《かあ》これは何《なん》だべ……」

「これは地獄だよ。お前のようないたずら者が死んでから行《い》ぐどころだよ」

別のところを指さして、

「こっちあ、何だべ……」

「こっちは極楽だ、普段から善《よ》い事をした者が死んでから行ぐどころだよ」

「お母《かあ》は、どっちさ行ぐんだべが」

地獄極楽絵図を見る

「おっ母もきっと地獄に行ぐべ……」

「お母はなにして、地獄さ行ぐんだべ」

「お前どが可愛《めんこ》いすけ《(から)》、罪をつぐるへんで《(つくるから)》、地獄よりほかに行ぐ所《どこ》ぁありぁせんよ《(ありませんよ)》」

万吉はそこでしばらく考えていたが、

「どうしたらお母が極楽さ行《い》げんだべ……」

万吉の問いに母なをは、

「仏様がなス《(ね)》、一子《いっし》出家すれば九族天に生ず、一人の子供《わらす》ぁ坊さまになれば両親はもちろん、親類縁者までがみーんな極楽に行げると仰せられてありぁんすよ《(ありますよ)》」

一子出家すれば九族天に生ず、この言葉が、ちーんと響きを立てて万吉の心を打ったのであった。

出家の決意

いたずら盛りの万吉であったが、家に帰ってから何事かを考えているように見えた。

どうやらそれは、お母さんを極楽に行かせたい、兄さんはお父さんの跡継ぎにさせたい、そのためには自分が出家すればよい、坊さんになるに限る、という事のようだ。

万吉はその一念で、父母に出家することを願ったが、両親は、どうせ小さな子供の思いつきぐらいにしか思っていなかった。
しかし、万吉は諦めなかった。
毎日寺子屋へ稽古に通って、一人出家気取りで読書や手習いに精出して勉強していた。

上ノ山の高台にある浄土宗護国山十王院の本堂から見た八戸の町並み。以前この寺に生家の墓所があった。穆山が幼少の頃、走り回って遊んだ道路がすぐ下に見える。

八戸市湊町、新井田川と上ノ山の高台。中央のレンガ造りの建物は八戸酒造株式会社。西有穆山の生家はその奥にある。土蔵造りの酒造倉庫の上に見える寺院は、高台に建つ十王院。

ある時、雑書を見ているとその中に、三世相《さんぜそう》や相性《あいしょう》のことや九星《きゅうせい》のことがあった。そこで、自分の干支や三世相に照らし合わせてみると、出家すれば幸せになるとあった。

あたかも磁石と鉄という有り様で、出家の志はますます高まっていった。

（参考文献『西有禅話』「経歴談」、『先師西有穆山和尚』、『正法眼蔵全講』「出家功徳」）

二、母との約束そして江戸へ

善知識となることで出家を許される（西有穆山の話）

自分《わし》が最初父母に出家を願い出た時、父母は許さなかった。何しろ長男（母の）で相続人というところから、容易に許さなかったのである。自分が強いて出家を求めた時、母は姿勢を正し、厳しい顔をして私に言った。

「お前が出家したいという気持ちが本当に真実であれば出家するのも悪いことではない。父上もこの母もそれを許します。しかし、平々凡々の田舎坊主になるのであれば、かえって地獄の先《せん》達《だつ》を務めるようなものです。そんなことならば坊さんになるのは止めた方がよい。この家を出て行くからには、しっかりと学問をし修行をして、誰からも*大善知識と言われ、敬《うやま》われる僧侶にならなければなりません。その事を本当に決心できるのか、今一度考えてみなさい」

と問われた。

そのように言われると、何とも答えに苦しんだが、どうしても出家したかったから、

「きっと立派な坊さんになるから、出家する事を許してください」

そう言って、出家させてもらった。（『西有禅話』「経歴談」）

＊善知識—徳と学問のある僧侶をいう。

菩提寺で得度《とくど》＊する（西有穆山の話）

一三歳の六月、日本一の大和尚になる志ならば、と父母に許され、菩提所長流寺の金龍和尚について得度した。名前をそれ以後金英と称することにした。

出家してからは常に母の訓誡が身に浸みついており、とにかく勉強せねばならない、立派になって父母を安心させなければならない、と常に思っていた。だから大抵の困難には打ち勝って、勉強に励むことができたのだ。（『西有禅話』「経歴談」）

＊得度—仏門に入ること、戒名（諱《いみな》、万吉は金英）を授けられる。

学問の師匠がいない

一年後、金龍和尚は南部藩の名刹、名久井岳《なくいだけ》の法光寺に栄転する。金英も従って行った。

一五の春を迎えた。朝夕の勤行をはじめ何かと師匠や兄弟子の仰せをよく守る日々であった。仏典のことは師匠より習得できたが、素より英才非凡な金英のこと、仏典はいうまでもないことだが、それ以外の学問も必要と思い漢方医某について四書《ししょ》や五経《ごきょう》の素読を学びつつあったが、地方にあっては講義を聞ける程の人は居らず、学業の進むに従って良師の居ないことを託《かこ》つようになる。
（参考文献『高僧穆山』）

先ずは仙台を目指す

一八歳、師匠の金龍和尚が遷化《せんげ》し、金英江戸に出ることを決意する。まずは、仙台を目指し、年長の雲水二人と三人連れで出発した。天保《てんぽう》の大飢饉《ききん》のさなかという悪条件の中、徒歩で旅するしかない。途中、宿をとれない時は野宿もしながらの道中であった。食事は、やや豊かそうな農家があると点心《てんしん》を乞うしかなかったが、丸一日食事にありつけないこともあった。さすがに、途中で同行二人は帰ってしまった。

仙台に着いた金英は、名刹松音寺《しょうおんじ》の悦音和尚の下《もと》に留まって、仙台中の仏典、漢籍を求め学問に励んだ。一年で仙台中の書籍に目を通したという。
（参考文献『西有禅話』「経歴談」）

ここで一つの伝がある。

羽黒山、修行など夢の世界（岸沢惟安の話）

穆山師がまだごくお若い時に、お寺（編者注　仙台松音寺と思われる）を逃げ出して、山形に羽黒山という山がある、その羽黒山に行き、千日の修行をしようと思って籠《こも》ったことがあったそうだ。わしも騙《だま》されてお参りしたが、それはえらい所だ。何でもあぶらがえしという所があって、あぶら汗が出て、もうこれから先はごめんだ、とてもたまらぬ。そう言うて引き返してくる所だそうだ。そんな羽黒山に山伏の修行する所がたくさんあった。

穆山師はその羽黒山に千日の修行をするつもりで行かれたのだ。そこではそば粉以外のものは食べないというのだそうだ。

修行ができると思って行かれたのだが、何のことはない、修行など夢にも見ることができなかったと言われた。三度食べるのはそば粉だけれども、麓《ふもと》から宿屋や信者が毎日やって来て、いろいろのものを供養するのだそうだ。一人の修験者が供養物をもらうと、それを自慢する。そうするともらわぬ者が嫉妬心《しっとしん》を起こす。蛇の寄り集まりで、お互いに噛み合っているのと同じことで、修羅道《しゅらどう》に落ち、餓鬼道《がきどう》に落ちて、清浄《しょうじょう》の大道場が変じて四悪趣《*しあくしゅ》さながらになっていたそうだ。

それだから山の中が清浄というのではない。清浄の道場が山の中にあって、そこに行けば修行ができるというものではない。

——如来の在《いま》す所がすなわちこれお浄土なり——

浄土に如来が在すのではない。如来の在す所はどこでもお浄土なのだ。その如来とは求心《ぐしん》がやみ、恐怖《いふ》の心のない、清浄のお方だ。

穆山師は修行できるならば場所宗旨を問わずやってみたいと思われていたようだ。月潭さまの所に随身《ずいしん》して居られた時も、一度比叡山に上りたいと言い出して、月潭さまからえらい小言を頂戴したそうだ。なにしろ、月潭さまは若い時分比叡山に居られたことがあるから。

（『正法眼蔵全講』「仏教」、『学道用心集提耳録』）

＊四悪趣―六道（地獄、餓鬼、畜生、修羅、人間、天上）の前四つを言う。

編者注　当時は出羽三山信仰の最盛期。この話は天保飢饉さなかの特殊事情の反映であろう。

江戸へ

仙台の五峰山松音寺は藩主伊達家の菩提寺として開山した名刹である。そこの天応悦音大和尚の下に留まること足かけ三年。実際は一年と少しの間であったが、仙台にも参問の知識ある人はこれ以上居ないことを見て、江戸へ行くことを決意する。

悦音和尚は金英を跡継ぎにと思っていたので、江戸へ修行に出ることを惜しむところもあったが、快く一朱の旅費を持たせて送り出してくれた。

金英はほとんど昼夜兼行で歩き通し、勿来《なこそ》の関《せき》に着き、そこから船に乗って江戸に向かった。仙台から一〇日ばかりでようやく花の都に到着した。

江戸に着くと、芝愛宕《しばあたご》下に居る叔父のもとに落ち着き、これからのことを叔父に話した。金英の志の堅実なことに感激した叔父は、わずかながらも学費の一部を手伝うことを申し出てくれた。当時江戸で唯一の学問道場である駒込の旃檀林《せんだんりん》へ入学する手続きを済ませて、叔父の助力で古着一枚を求めて江戸での修行を始めたのである。

（参考文献『高僧穆山』）

三、臆病から大胆に（西有穆山の話）

天保の大飢饉

自分《わし》は天保の大凶作に遭遇して生涯忘れることのできない体験をしたのである。

あの頃の凶作は大変ひどいもので、何分にも食物が不足であるために餓死《がし》した者が数えきれないほどあった。その惨状は今でもこれを思うと実に鳥肌が立つほどの思いがある。

あの時代は今とは異なって封建制度の時代であったから、領主がみな堅くその領地を守って、他領へは一粒たりとも米穀を売り出さなかったのだ。そこでその領内のものが領内中の米穀を食い尽くした時は、いかに金銭がたくさんあったといっても餓死しなければならない。

今日から見ると、実にうかつな話だが、この時代の制度ではどうにも仕方がない。この頃の餓死者を思うと全く封建制度のためで、半分は政治で殺したようなものだ。

その餓死や行倒れが貧乏な人ばかりかというと決してそうではなく、身に絹の着物をまとい頭に鼈甲《べっこう》の櫛《くし》を挿し、懐《ふところ》には沢山の金銭を持っていながら餓死した者がたくさんあったのだ。

臆病から大胆に

自分は生まれつき臆病な性格であったが、天保の飢饉に遭遇して、一町歩けば一人の餓死者、一〇町行けば一〇人の行倒れ、夜に出歩けば死人の頭を踏むという惨状をつぶさに目撃したのだ。

最初のうちは気持ちも悪くなんだか恐ろしいという、いわば臆病神に誘われつつあったが、毎日毎夜のことであるから、ついには死人は恐れるものではないということを心底から合点した。

それからは、臆病な性格が変化してすこぶる大胆になって、死人を恐れないばかりでなく、一切の物事に驚かないようになったのだ。

天保の飢饉

これは実地に経験した学問だから、理屈とか議論とかを超えて、物事を恐れるような思いが薄くなったのだ。

あの頃の事を思いだすと、ただ臆病を治療したばかりでなく、この他にも有益なことがあった。それは衣食住の粗末なことに忍耐できるようになったことだ。

天保年間は草の葉でも木の芽でも木の皮でも、仮にも食べられる物はこれを食べたので、塩加減も料理塩梅《あんばい》もあったものではなく、口に食べて腹さえ空かなければよいというのであるから、食べる物のあれこれを言ういとまがなかったのである。

逆境は心を強くする

梅は寒苦を経て清香を発するというが、本当に苦節を全うすることは普段の生活ではできないことだ。逆境こそが忍耐を生む母というべきである。

何はともあれ、自分が晩年まで苦学をいとわぬのは、この大飢饉の経験が多大の力となっているので、自分の経歴の中では忘れられない貴重な年月だったと思っている。

（『西有禅話』「経歴談」）

四、二三歳で住職

泰巌曹隆《たいげんそうりゅう》大和尚

江戸駒込吉祥寺、旃檀林で刻苦勉学中、金英は時々用僧《ようそう》（手伝いの坊さん）として牛込のお寺に手伝いに行っていた。

ある日、いつものようにお寺で用僧をしていた時、一人の和尚が金英を見て、

「お前は小南部（八戸藩）か」

と問われた。言葉にまだ故郷の訛《なま》りがあったのだ。

「へい」

「おれも小南部だ」

と言ったのが、そのお寺、宗参寺《そうさんじ》の泰巌曹隆大和尚であった。八戸藩松館の出身であった。

そのころ、幕府の寺社奉行が江戸中のお寺に内偵を入れたところ、内外玲瓏《ないげれいろう》として立派な僧侶が三人いたという。曹隆師はその一人である。

鳳林寺《ほうりんじ》

牛込宗参寺の近くに鳳林寺というお寺があった。そこにも金英は用僧として出入りしていたのである。手伝いに行く時は、いつも鍬をかついで出かけていた。その日に法事のある家の墓をきれいに掃除しておくためであった。その他にも、気が付いたことがあったら面倒がらずこまめに働いた。

それがいつの間にやら住職や檀家の評判になり、みんなが、この寺の後住には金英さんをと、うわさし合い期待していた。

立職《りっしょく》する

そんなある日、曹隆師に呼ばれて行くと突然、

「お前、長老になりなされ」

と言われた。

「せっかくではありますが、私には打飯金《たはんきん》の用意がありません」

「いや、わしの所で長老になるのだから、打飯金はいらぬ」

「しかし、祝衣もなく着物もありません」

「祝衣も着物もここに出来ている」

曹隆師は金英の素質を見抜き立職させてくれた。打飯金はその頃で二五両、大金であった。

嗣法《しほう》を受ける*

曹隆師には嗣法の弟子が一五人もいたが、その中の一人に泰禅和尚が居た。この泰禅和尚、難《むずか》しやで難しやで、仕方のない人であった。そのために誰も弟子になる人が居なかった。

曹隆師が金英に、

「お前なら、泰禅和尚の機嫌がとれる。彼の嗣法を受けてくれ」

と言われて、兄弟子である泰禅和尚から嗣法してもらったのだ。

そしたら曹隆師が、

「嗣法が済んだら一緒に居るな、一緒に居ると喧嘩せねばならなくなるから」

と言うのであった。

*嗣法—お釈迦様から続く法統を師匠から弟子へと受け継ぐこと。

二三歳で江戸の住職

そのうちに鳳林寺の老住職が亡くなって、金英は早くも江戸のお寺の住職になったのである。時に、二三歳であった。

住職になると、雨の日も風の日も托鉢をして、終わると門前の檀家頭である酒屋に寄って、得た浄財をすべて預けて行った。

そんなことが一年余り続いたある日のこと、

「なぜ、托鉢して貰ったお金を自分の所に置いていくのですか」

と酒屋の主人が訝《いぶか》しげに言った。

「先代からこちらに借財があると伺っておりました。その弁済のためです」

と穆山和尚が答えると、主人は奥に行って、何やら手に持ってきた。

持ってきたのは一枚の書付、それを火鉢にかざしながら、

「これは先代住職さまの借金証文です。これでもう帳消しですな」と言ったかと思うと、証文を火鉢の火に投げ入れてしまった。証文はたちまちのうちに燃え尽きてしまった。

（参考文献『先師西有穆山和尚』、『道元禅第一巻』、『正法眼蔵全講』「恁麼」）

23歳で江戸の住職に

五、母の戒め（西有穆山の話）

故郷に帰る

三〇頃の時に、普通の学問もやりたいと思ったし、大学林の勉強も十分に分かったと思ったから、いったん故郷に帰ったのだ。

帰ってみると、鳥なき里のコウモリで何となく立派らしく見えたのか、法類《ほうるい》や知己《ちき》の者たちが、

「お前も江戸で学問をして立派になったのだから、これからはここに居って寺を持つ方がよかろう」

と勧めてくれた。

私もその勧めに迷って、なるほど一通りの学問はしたし、この僻遠《へきえん》の地では別段に人に頭を下げなくても済むから、一ヶ寺の住職になっても差支えはないなと考え、皆の勧告に従おうと大いに怠慢《たいまん》の心を生じたのであった。

そうしたら、母の雷が落ちた。

母の厳しい訓戒

「お前は何のために帰って来たのだ。奥州地方の僧侶を見て善《よ》いと思うか、悪いと思うか。この辺りの僧侶はその学問も品行もはなはだ宜《よろ》しくないではないか。誰一人として人の模範となるような者は居ないではないか。お前が帰って来てこのままここに留まったら、それらの者たちと同様で、一も取らず、二も取らずに生涯を過ごすことになるのだ。最初出家した時の志に背くだけではなく、父と母がお前を棄《す》てて出家させた志にも背くのではないか」

怖い顔をして続けた、

「いやしくもいったん発心《ほっしん》出家した以上は、全力で励んで知恵も徳も兼ね備えた立派な僧侶とならなければならぬはずではないか。今ここでこの母が愛しいお前がここに留まることを拒み、再び江戸に帰って修行することを勧めるのは、本当にこの母も忍びないことであるが、お前の出家の本懐《ほんかい》と違うからである」

母の戒め

母の厳しい顔に涙があふれてきた。

「母はお前を近くに置いて、朝に夕にお前を見るのを楽しみと思わないわけではないが、出家させた時の誓いもあるから、お前がここに留まることを拒むのだ。母は今日を限りに生き別れであれ死に別れであれ、お前との別れになっても少しも苦しくない。必ずやお前が善知識となって父母の菩提を弔うのを草葉の陰から楽しむであろう。だから、決してここに留まってその志を中止してはならぬのだ」

と涙を流しながら諌《いさ》めたのであった。

母の涙と戒めの言葉を聞いて、私は非常に反省し、かつ恥ずかしく思い、再び故郷を離れたのだ。

肝に銘じ再び修行に戻る

江戸に帰るとすぐに相模の小田原に行って、当時隠れた存在ではあるが学徳兼備の聞こえが高い、海蔵寺の月潭全龍《げったんぜんりゅう》老人を師として修行をし直した。

修行すること一二年一日の如くに暮らして、日々の修行を重ねながら仏典の講義を受けた。特に『正法眼蔵』は二巡聞くことができた。そのようにしてようやく出家の目的の大半を達したのだ。

（『西有禅話』「経歴談」）

母の一言半句が身にしみる

老僧《わし》も初発心《しょほっしん》のとき、純粋の善い知識の処にて出家したら、もう少し良いものになったかも知れない。奥州の山奥にて出家したのは、一生の誤りであった。その中で雲水と交際し、雲水癖《うんすいぐせ》がついて退歩した。情けないものだ。やっと三〇歳ぐらいになって、初発心に返ったようなものだ。その時の母の一言が無かったならば、奥州坊主となって終わったろうに、母の一言に感発したのだ。実に一言半句が大切だ。

（『学道用心集提耳録』）

六、大悟

雪が溶けると同時に大悟した（岸沢惟安の話）

穆山師が小田原の月潭さまの所に居られた時、月潭さまに言いつかって、前橋の龍海院の奕堂《えきどう》禅師の所に行かれた。

月潭さまは穆山師が学問では頂上に至ったから、これ以上書物では進むことができない。いくら知見が開けても解脱《げだつ》はできない、これからは坐禅だ、坐禅専門の人の所に行け、と言うのだ。それで奕堂禅師の所に行かれたのだ。

その時に奕堂禅師の龍海院には一〇〇人以上の雲水が居て、天下の大叢林《そうりん》であった。

穆山師が行かれるとすぐに副寺《ふうす》にされた。毎月一日、一五日の小参《しょうさん》の時には、奕堂禅師の代わりに雲水たちの問答を引き受けられたのだ。

ある時、奕堂禅師の御名代《ごみょうだい》として末寺に行かれた。その日は関東では珍しく大雪で、一尺も積もった。その日にかぎって大雪だ。

その中を寺に戻ってこられた。山門から庫裏《くり》までの距離も大分ある堂々たるお寺だ。

山門を入ると、その姿を見つけた行者《あんじゃ》*が、副寺さんが戻られたと言いながら、急いでたらいにお湯を汲んで待っていた。

穆山師が庫裏に入ると、私が草鞋《わらじ》をとってあげますと言って、片足の草鞋を脱がせてくれたものだから、たらいに足を踏み入れると、煮えていたお湯だからたまらない。

熱いッ、と言って足を上げると、行者は素早く庭に出て、

大悟

雪をひと抱え取って来てお湯の中に投げ込んだから、しゅうっと音を立てて溶けてしまった。

それで穆山師は大悟なされたのだ。

雪は水の固まったものだ。無上菩提の固まったものが妄想《もうぞう》なのだ。だから雪は妄想なのだ。その雪がお湯の中に入ると、しゅうと溶ける。誰が溶かしたものでもない。雪自ら溶ける力を持っているから溶けたのだ。いつまでもわしは雪だと頑張っている雪はないのだ。これを自分たちは始終気が付いていていなければならない。頑張る必要はないのだ。

（『正法眼蔵全講』「坐禅箴・仏向上事」）

大悟した感想を述べた漢詩がある。

一日欲レ洗レ脚。盛二熱湯於水盤一。投レ雪忽融。有レ省。

把二雪団団一投二熱湯一。乾坤撲落妙高僵。不レ知今日何時節。踢二倒銀盤一笑一場。

（『直心浄国禅師語録』）

振り返ってみると何でもないことだ（西有穆山の話）

自分《わし》がある時結制に行った際、山家の宿に着くと、男衆が洗足のお湯を持って来てくれた。そこでひょっと足を入れると馬鹿に熱い。

おお熱ッ、と言うと、その男が側の雪の塊を取って湯の中に投げ込んでくれた。するとシュッと音がして溶けてしまった。

その時、はてここじゃわいと思うて、大いに得るところがあったような気がしたが、さて後で振り返ってみると何でもない。こんな事は悟ろう悟ろうと思うてる時には間々あることだ。

それも一時の入れどころには相違ないが、真実に悟ったというのではもちろんない。

その証拠には、その天狗悟《てんぐさと》りが拳骨《げんこつ》になって、どこへ行っても人に突っ掛かりたくなる。それでは病の上に病を重ねるようなものである。

（『正法眼蔵啓迪』「心不可得」）

編者注(1)　月舟宗胡《げっしゅうそうこ》和尚（一六一八～一六九六）が七七歳の時、随身たちに若い時に悟った話をし、「その時は嬉しかったが、この年になると、もはや昔の悟りなぞ忘れてしまった」と語ったところ、一人の随身が、「大切な悟りを忘れてしまうようでは、月舟さんもボケてしまった」とつぶやいた。すると道明《どうみょう》という弟子がご丁寧にも、年賀に行ったついでに、月舟和尚に白仏言《びゃくぶつごん》（内密に言う）した。それを聞いた月舟は「バカめ、いつまで悟りを持ち歩くのだ」と言って、道明を叱ったという。

（参考文献『眼蔵家の逸話』）

編者注(2)　沢木興道が西有穆山の嗣法の弟子笛岡凌雲に随身していた折、悟りたくて仕方がなかった。ある時、「興道さん、興道さん、そんなに悟りたい悟りたいと悟りを求めて焦《あせ》るものではない。ちょうど鼻の先に糞《くそ》付けておって、屁元《へもと》はどこだ、屁元はどこだ、と騒ぎ回るようなものだよ」と言われたという。笛岡凌雲は澄み切った月のような人格者で、どこまでもまやかしがなく、暗い影のない人だったという。

（参考文献『沢木興道聞き書き』、『沢木興道　この古心の人（上）』）

七、生首を出せ（西有穆山の話）

御朱印付の雲居山《うんごさん》宗参寺《そうさんじ》

これは自分《わし》が幕末の頃、牛込の宗参寺に居た時の話だ。

この寺は徳川家の御朱印付の寺であって、その頃将軍慶喜《よしのぶ》公のお側用人《そばようにん》お取次役を勤めていた室賀《むろが》甲斐守という旗本も檀家の一人であった。

幕末の大騒動の時、榎本武揚《えのもとたけあき》を大将株にした脱走組という一団があったが、ある行きがかりのため、室賀がこの脱走組の奴らの襲撃をくらってこの寺に逃げ込んできた。

代々の重要な檀家ではあるし、仮にそうでなくても、命がけで駆け込んできたものを追い出すことは坊主のすることではないから、本人の言うがままに、とにかくかくまってやった。

西郷隆盛に会う

脱走組の奴らにやかましく言われるのは覚悟の上だったが、それより困ったのは官軍に目を付けられることであった。

なにしろ慶喜公に仕えていた一一人の侍臣は朝敵《ちょうてき》と名指しされ、室賀はその一一人の一人であるから官軍の詮索《せんさく》もなかなか一通りではなかった。

折よく、薩摩の坊主で懇意にしていた者が近くにいたので、その坊主に、

「室賀を助けてくれ」

と頼み込んでみたところ、

「余人ならともかく、一一人の一人、室賀をうかうか助ける訳にはいかぬ」ということになった。

しかしいったん関わり合った以上、そのままへこたれては、第一室賀の一命にかかわる次第であるから、自分も官軍の人たちに面会して、懇々と事情を申し述べ、室賀を官軍にするという条件で、やっと承諾をえた。その時、西郷隆盛にもちょっと面会したのだ。

その時分の騒ぎときたらなかなか大したもので、駒込に居った薩摩の坊主共は七割がた還俗《げんぞく》して槍や鉄砲を取り、官軍に従うというありさまであった。

抜刀隊の乱入

そうこうしている中、果たして例の脱走組が嗅《か》ぎつけて押し寄せてきた。総勢一六〇人ばかりで、その中の頭領《とうりょう》株とも思える六人だけ寺に入ってきて、残りは刀を抜いて厳重に寺の周りを取り囲んでしまった。

いずれも血気にはやる面々のみであるから、一見実にすさまじいものであった。

それからその六人の頭領株がみな刀を抜いて自分の居間に詰めかけてきた。入るなり、

「室賀を引き渡せ」と怒気《どき》を含んだ声で掛け合ってきた。

寺の内外がこのありさまであるから、飯炊き爺や小僧はもちろんのこと、他の坊主共にいたるまで、或いはすきを狙って表に飛び出すやら、或いは戸惑いしながら縁の下に駆け込むやら、一時は上を下への大騒ぎであった。

生首の要求

しばらくすると、寺の中は自分と抜刀した六人と差し向かいとなってしまったのだ。

二言三言押し問答してみたが、相手は怒気満々として血相を変えているから、自分の話に耳を貸すはずもなく、刀を逆手に持ち、畳にジャキジャキと差し込みながら、

「室賀をどこにかくまっているのだ、あれこれ言わずにすぐに引き渡せ」と凄《すご》む。

「檀家のことであるし、一時はかくまってみたが、間もなく逃がしてやったから、今はここに居ない」

と答えたが、

「どうしても渡さないというなら、お前の生首を持って帰る」と引き下がらない。

「何と言われても、居らぬものを渡すわけにはいかない」

と言ったら、六人はますます怒り狂って身を震わせながら、まさに自分の首に一太刀あびせようと身構えた。

自分を除いて寺の内外一人の味方もなく、外には一五〇余人の血気にはやった男たちに取り囲まれ、目の前には抜刀した六人の侍が仁王立ちになっているのだから、如何《いかん》ともしようがない。

さりとて、官軍にまで事情を打ち明けていったんかばってやった室賀を出すわけにはいかないのだから、事ここに至ってはつまり奴らの要求通りに生首を渡すほかに道はなくなった。

が、この期に及んでもやっぱり未練があるものとみえ、折があったら逃げ出そうという了見は頭を離れなかった。

何でもない時は大言を吐き散らしても、いざとなったら意気地が無いものだよ。しかし、いくら未練があったところで、またいくら意気地が無かったところで、この場に立ち迫《せま》った以上はやっぱり死を覚悟するほか道はない。

思うところがあり、ふいとその座を立ちあがったら、頭領が襟元《えりもと》をつかんで引き戻しながら、

「どこへ行く」

「どこへも行かないが、坊主はこのようなざまでは死なれない。装束《しょうぞく》を着替える間ちょっと待ってくれい」

と言って、別室において法衣《ほうえ》を着て、袈裟《けさ》をかけて元の席へ戻った。

刹那《せつな》の機転は酒

これでよろしい、という一言が自分の口から出さえすれば、生首がころりと前に落ちるばかりになった時、ヒョッと台所にある酒に気が付いた。

「ところで諸君、自分は一杯飲んで死にたいと思うが、承知してくれないか」

「この期に及んで酒を飲みたいだと……、よかろう」

そこで台所から貧乏徳利を提げてきて、大きい茶飲み茶碗でもって冷酒をチビリチビリと飲み始めた。
七、八杯も飲むと、だいぶ気持ちがよくなってきたから、脱走組の奴らに向かって、
「どうだ諸君も一杯やらんか」

「左様か、一杯やろうか」

その一刹那における自分の心機の動きようは、ぶっ続けに三年坐禅をやったよりも、それ以上の効き目があった。自分がこれまで生涯をかけて坐禅で鍛え、学問を修めた決断と知恵がその刹那に現れてきたのだ。奴らの口から、

「一杯やろうか」の一言を聞いた時は、

「しめた」と思った。

しかしこの間の妙機は自分の心の中に展開したもので、他人に説明しようのないものであった。

酒に救われた命

それからしばらくの間、互いに酒を献じ合いながら飲んでいたところ、双方ともに上機嫌になってきた。

「死ぬのは何時でもできるから、湯豆腐でもしてゆっくり飲み直そうではないか」

と言うと、

「よかろう」

「それにしたところが、表はあの通り、内はこの通りで、豆腐を買わせようにも使いがないではないか、

彰義隊の包囲（抜刀隊は官軍という説もあったので、この絵図は官軍に描かれている）

いったんこうなった以上は自分も逃げも隠れもしない。そんなことに気を置かずに、表の連中をひとまず帰してはどうだ」

六人はそれを承知して、すぐに外に出て何か言ったと思ったら、一五〇余人の抜刀した連中が一人残らず解散してしまった。

奴らの乱暴ときたら、実に言語道断《ごんごどうだん》であったが、その命令がすぐさま実行されたのも、またえらいことであった。

人は、死ななければならない状況が極まると、度胸がその方に定まってしまうから、死にたくないなどという考えはなくなるものだ。自分もいったん死ぬと度胸を定めたが、酒の一件からして相手の様子に変化が出てきて、奴らが盃を手にした時には、ヤー、自分の命が助かったと思ってしまった。

それから小僧どもを呼び集めて湯豆腐をそろえ、酒の燗《かん》をつけたりして、ゆっくりと飲んだり飲ませたりしたところ、今まで張りつめ切った奴らの気にだんだんと緩みが出てきた様子が見えてきた。

「どうだ、自分の言うことを一通り聞いてくれんかね」

「いや、話があるなら聞いてもいいぞ」

それから室賀甲斐守をかくまった一部始終を堂々と説明したうえで、

「諸君がこのようにして一命を投げ出してやっておられるのは、畢竟《ひっきょう》徳川家の再興を図るという目的のためであろう。それ故、その目的と関係ある事ならば、大小にかかわらず手を付けられるのは至当であるが、愚僧《ぐそう》の生首一つと徳川家の興廃《こうはい》とは果たしてどんな関係があるであろうか。いわんや、これでもって死ぬものとすれば、愚僧にとっては実に名分《めいぶん》も何にもない、言わば行き倒れ同様の犬死にすぎないから、その犬死した坊主の生首をかっさらって行ったところで、諸君のためにも別に何らの利益のないことではないか」

と、このように説破《せっぱ》したところ、

「なるほど」と屈服して、生首問題はやっとのことで無事に済んだ。

最後に寺を守る

しかし、

「ならば、この寺を我々同志の屯所《とんしょ》にしてくれい」と、のっぴきならない申し入れを受けた。

このように段々とうちとけてみれば脱走組の心根を思いやられて、いかにも気の毒に感じたから、一通り時勢の変遷《へんせん》を説明した上で、

「さて、かくなる上は諸君の力でもって徳川家の再興を望むのはとても出来ないことである。今、山も川もないこの寺に立てこもって官軍を引き受けるとして、それは一日も保たれるもので

はない。しかるに、いったん脱走組の屯所と名が付くと、幸い焼き捨てられなかったとしても、廃寺《はいじ》はきっと申し渡されるに決まっている。この時節に臨んでは、一ヶ寺なりとも縁故《えんこ》のある御朱印付の寺を残して、徳川家歴代を回向《えこう》して差し上げるこそが諸君の忠節《ちゅうせつ》の志《こころざし》というものであろう。一時の怒りに前後を忘れてこのような浅はかな企てをなすのは、徳川家に対してかえって不忠《ふちゅう》の振る舞いではないか」

さすがに猛り狂った脱走組も、それからそれと理に責めたてられ、夜通し痛飲してようやく帰っていった。

帰りしなに二張りの提灯を貸してやったが、門前でもって滅茶滅茶にぶっ壊しながら、「この寺の和尚は図太い坊主だ、どんなことをするか油断がならない」と言い合ったそうだ。

度胸が定まってくると心が落ち着く、心が落ち着くと先が明るくなってくる、先が明るくなってくると決断が付くという順序になるから、坐禅でもって心を整える鍛錬と修養とを積むことがすべての根本となるのである。

（『名家長寿実歴談』「高僧西有穆山禅師」）

八、廃仏毀釈から仏法を守った

世上風潮の弊に対峙《たいじ》する

西有穆山は明治四年より、群馬桐生の鳳仙寺《ほうせんじ》に転住し、東京を離れていた。けれども明治五年、本山より書状が届き、直ちに上京を命ぜられた。政府が各宗派を統合組織した大教院というものがあったが、そこへ本山代理として出席させるためである。

時は廃仏毀釈の嵐が吹き荒れているさなかであった。天下騒然として為《な》す所を知らずといったありさまであった。

このような状況の中にあって、敢然《かんぜん》と仏法の規範を唱えて、時流に流されている輩《やから》を覚醒《かくせい》させ、仏法海の進路を指し示せるのは、やかまし屋の西有穆山しかいなかったためであろう。白羽の矢を立てられて、西有穆山は上京した。

世情騒然、仏法海混濁のさなかに大教院に臨んだ穆山は、世上の風潮に漂打《ひょうだ》されている現状を目の当たりにするのであった。

法服廃止を撤回させる

明治六年一月、大教院において禅宗三派を代表して議事（議長役）となり、即日議場に臨んだ。満場の議員は時の風潮に心酔し、仏祖の光恩《こうおん》を忘却したかのようであった。法服《ほうぶく》を廃止し、平素俗服を用いるという事の議案が上程され、各宗各派を問わずこれを是とする意見で盛り上がってきた。

天下に一人としてこの議に抗する者は居ないのか、議場内は、是とする意見に加勢する者が多くなっていく。

仏法の興廃《こうはい》この一挙にありと、西有穆山は憤然として荻野独園（臨済宗）と共に大演説を展開した。さすがの議場も次第に沈静し、この破仏法《はぶっぽう》の魔党《まとう》を弁誅《べんちゅう》する西有穆山の弁舌に引き込まれていった。仏法の礼節を救ったのである。


（参考文献『本山出頭後続記』）

廃棄寸前の仏像を救う

穆山は廃仏毀釈の嵐が吹き荒れる中、廃棄されそうになった仏像を数多く救い出したようだ。すべて記録には残されていないが、八戸市周辺や県内に送られてきた仏像の数から容易に想像がつく。

一、明治二年、八戸市糠塚の光龍寺に秩父から三十三観音像が寄進されている。その中の延命観音像の胎内から古文書が発見されている。それによると、宝永四年に京都で製作されたことが分かった。明治二二年地蔵菩薩像を同寺に寄進。

二、明治一三年、八戸市類家の長流寺に薬師如来像が寄進されている。

三、明治三二年、八戸市小中野に新設された常現寺に本尊である魚籃観音像《ぎょらんかんのん》が寄進されている。この魚籃観音像は、十六世紀頃現在の北ベトナム北部にあった交趾国《こうしこく》で製作され、はるばる海を渡って来たものという。同時期に延命地蔵尊も寄進されている。こちらは、廃寺同様となった寺から売却され溶解されようとしていたものを、西有穆山が聞き及び心を痛めて、買い取ったものと伝えられている。

四、明治四〇年、青森県西目屋村の広泰寺に本尊仏阿弥陀如来坐像を寄進している。当時弘前市の実業家斎藤主《さいとうつかさ》が、上杉謙信が開基である米沢の広泰寺が廃寺同然になっていたものを移し、西有穆山に開祖となることを願ったものである。

（参考文献『西有穆山禅師～没後百年を迎えて』）

九、古駕籠《ふるかご》の底

明治三三年、西有穆山八〇歳となる。年初から忙しい毎日であった。

三月二五日、太田治兵衛をはじめとする横浜の信者たちが、市内にある万徳寺の別院として新しい寺を建立した。

西有穆山は請われて、一五人の門弟を随えて開祖として移り住んだ。

それまで住職をしていた伝心寺がある静岡島田の住民たちは穆山が移ることを非常に惜しんだが、新しい港町である横浜には信仰の拠点が必要であった。

西有寺《さいゆうじ》と名付けられた新しい寺の礎を築く忙しさの中、東京の富田直次郎、大住清白や横浜の山口秀胤などの信者たちが発起人となり、居士《こじ》（在家信者）たちのために宗乗《しゅうじょう》を講義してくれとの強い要請があった。西有寺において、『坐禅用心記』『普勧坐禅儀』『学道用心集』、それに『正法眼蔵』の「弁道話」「坐禅箴《ざぜんしん》」「道心」「三時業《さんじごう》」「帰依三宝《きえさんぼう》」「生死《しょうじ》」等各巻の講義を毎週日曜、後に土曜日に行った。

東京積徳会というところからも講義の要請があり、毎月一六日に外神田の福田屋において市民たちに『般若心経』『学道用心集』などの提唱を続けた。

そんな中、八月一九日より、東北地方へ巡教の旅に出た。

先ずは故郷である奥州南部の地から、青森県三戸郡の法光寺、八戸町類家の長流寺などで授戒会を行い、南下して各地の寺院を巡って行った。

九月一五日、盛岡の近く紫波《しわ》郡遠山の正音寺での授戒会（授戒者三七〇人）を済ませて、大巻にある高金寺（授戒予定者一四八人）へ行こうとすると、秋の天候である、ぱらぱらと小雨が降ってきた。

途中は山間の道程でもあり、高齢の穆山師のために正音寺所蔵の駕篭《かご》を持ち出して、どうぞお乗りくださいと、戸を開けて勧めてくれた。

ところが、この駕篭は、かってこの寺が大本山總持寺《そうじじ》の輪番《りんばん》（住職を交代で務めた）の際に使用したもので、外見は壮麗を極めていたが、久しい年月を経ていたために、あちこちに虫食いの見えるものであった。

用意が整っていたので、穆山師は駕篭に乗って出発した。

道はさすがに山道、でこぼこの上に折からの悪天候で、あちこち水溜りがあるという険悪な有様であった。

ようやく二〇町ほど進んだところ、突然駕篭の底が抜けて、穆山師は危うく泥の中に墜落しそうになった。何とか吊り手につかまって難を逃れたが、お付きの者は恐縮して声も出なかった。

その時、穆山師破顔一笑、皆の顔を見回して、

古かごの底の抜けると死ぬるとは
　ところえらばず時をきらわず

（参考文献『西有禅話 禅床閑話』、『本山出頭後続記』）

古駕篭の底

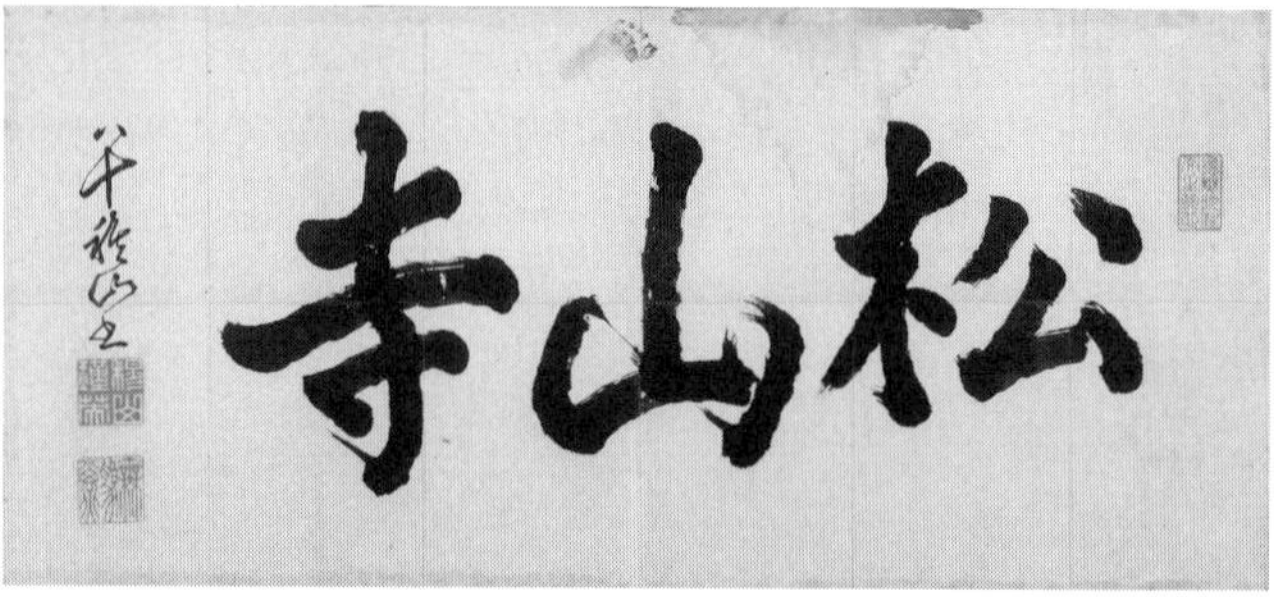

西有穆山筆　寺号額

十、阿し跡の寺

同じ明治三三年、東北地方巡教の続き、一〇月七日に稗貫《ひえぬき》郡湯本村大字台（現花巻市）の松山寺で授戒会を執り行った。授戒者は七六七人と記録に残されている。

松山寺は以前火災に遭い、宗門の別格地とされた壮大な伽藍を焼失していた。

この時、再建も進んでいたところであり、住職が西有穆山に寺号額の揮毫《きごう》をお願いしたところ、快く引き受けて、「松山寺」と雄渾《ゆうこん》な筆法で書き上げた。それを侍者が縁側に広げて乾かして置いた。

すると、あろう事か、檀家の子供がその上を歩いて足跡をつけてしまった。

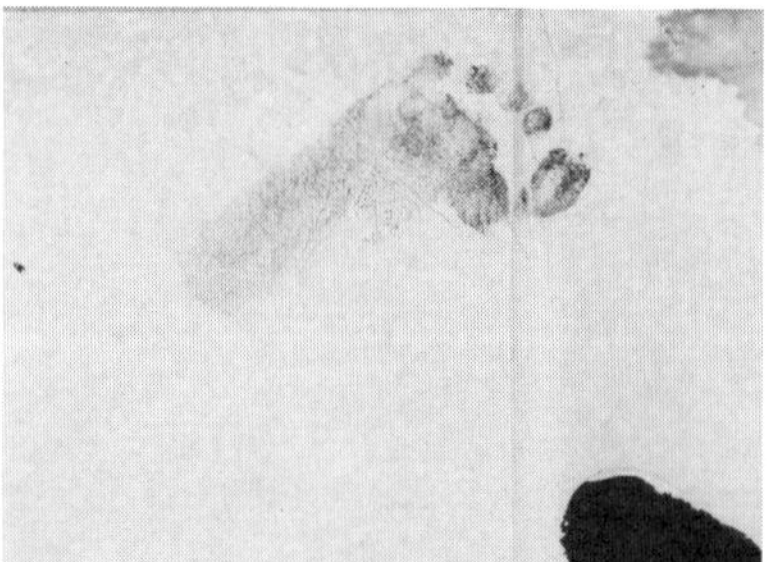

寺号額についた子供の足跡拡大

これには、住職も驚いてしまった。平謝りにあやまって、お詫び申し上げたところ、「イヤイヤ心配は要らぬ、わしがご祈祷《きとう》してあげよう」と言って、即興でもう一筆。

松山寺の額字を書きしとき　三、四歳の子額字を踏んで足跡のつきたれ波

阿し跡の多へぬ寺こそめでたけ礼

帰依する人のおほければな利

有安道人 印

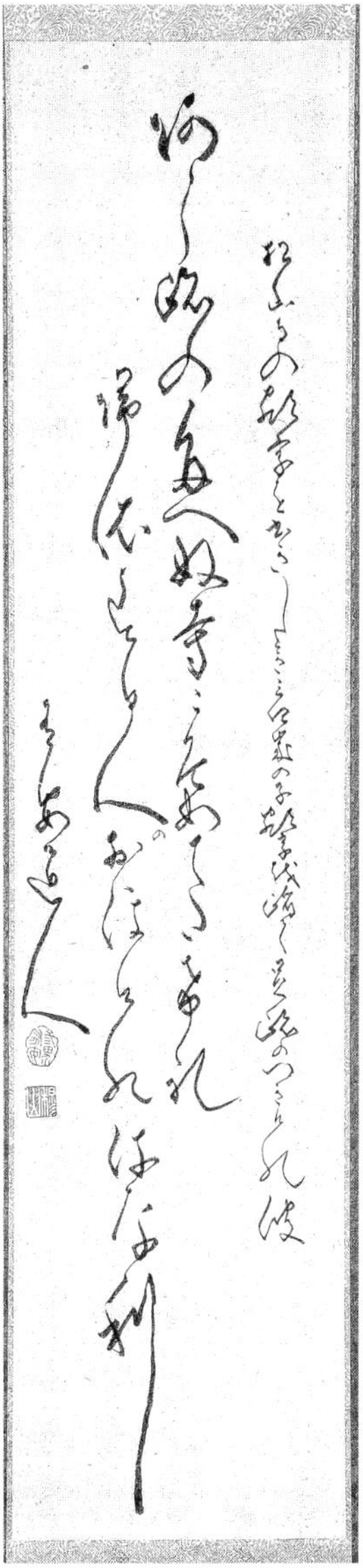

即興和歌足跡（西有穆山筆）（右頁山号額とも松山寺所蔵）

◆八戸市の西有穆山禅師顕彰活動◆

西有穆山禅師を敬慕する人たちが顕彰活動を開始したのは、明治四三年一二月に禅師が亡くなられた直後からである。その年、盛大な追悼法要が行われた。さらに大正一一年、十三回忌に合わせて遺徳顕彰に邁進《まいしん》しようと「湊穆山会」を結成した。それが現在の「西有穆山禅師顕彰会」につながっている。

昭和四六年に生誕百五十年記念事業があり。平成二一年には没後百年記念事業として、記念誌発行、記念講演、遺墨展が行われた。二〇二一年には生誕二百年の記念事業が予定されている。

毎年十二月四日の命日には、宗派を超えて人々が集まり、西有公園（青森県八戸市新井田字小久保頭七ー一。市バス旭ヶ丘営業所隣接地）の銅像前と市内寺院本堂（持ち回り）で恒忌法要を行っている。

会員には、年一回会報が配布されている。会費は無料。入会希望は随時可（連絡先―八戸市小中野三ー三ー五三　小中野保育園内　吉島　電話〇一七八ー二二ー五三八四）。

西有公園内の穆山禅師顕彰碑
奥には昭和44年に建立された穆山禅師の銅像がある。

第六章　西有穆山の備忘録

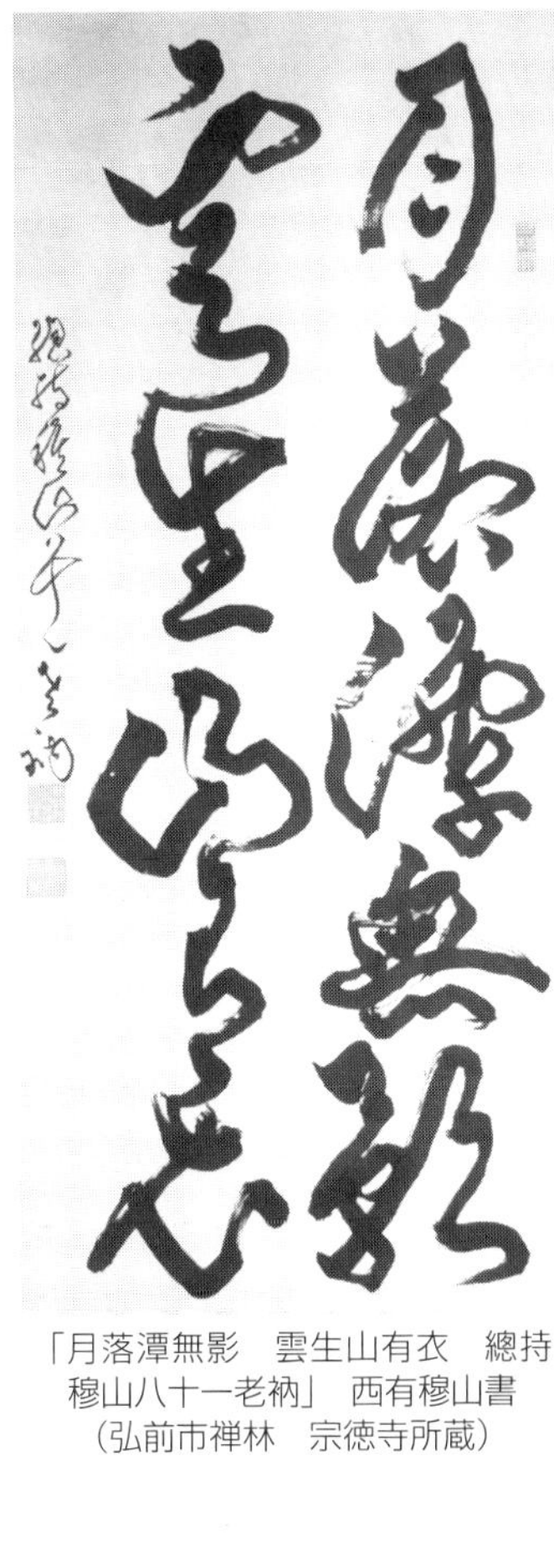

「月落潭無影　雲生山有衣　總持
穆山八十一老衲」 西有穆山書
（弘前市禅林　宗徳寺所蔵）

一、明治維新と穆山の警鐘

◆穆山は生涯独身

禅宗の僧侶は、修行により解脱《げだつ》（悟り）を得る、またはそれにより近づくことが求められる。そのことにより衆生済度《しゅじょうさいど》（悩み苦しむ大衆を救う）することが僧侶の役割とされた。洗面、手洗い、食事（作ることも含む）、作務《さむ》、坐禅、睡眠など生活のすべてが修行とされている。家庭を持つと修行の妨げになることから、禅宗僧侶の妻帯は禁止されていた。

二三歳という若さで江戸の寺院住職となった西有穆山は、修行はもちろん、檀家の相談などにも積極的に応じ、僧侶としての使命に邁進《まいしん》した。これは、母親との約束である「学問をし徳のある僧侶」になる事を目指したからでもあるが、穆山自身の性根でもあろう。

法の上で祖父に当たる泰厳曹隆大和尚は、内外ともに玲瓏《れいろう》とし立派な人で幕府から表彰されるほどの人であった。穆山も曹隆師同様、戒律はよく守っていたと思われる。

◆江戸時代の僧侶

江戸幕府は仏教各宗僧侶の妻帯を許していない。

ただし、浄土真宗（宗祖親鸞の思想は非僧非俗、妻帯も含まれる）だけは例外。

江戸幕府はダブルスタンダードを認めざるを得ない。

平安時代の昔から、こっそりお妾《めかけ》さんを持つ僧侶はいた。江戸時代になると寺請《てらうけ》制度により、寺院それ自体が幕府の一員としての機能を有することになった。寺は幕府によって保護されていたのである。生活の心配のない僧侶たちの暮らしぶりは想像に難くない。

まさにそのことが、後の明治維新時に吹き荒れた仏教弾圧につながって行くのである。

◆明治維新という魔物

維新後の明治政府は「肉食妻帯蓄髪《にくじきさいたいちくはつ》シ人民一般ノ服著用《ちゃくよう》不苦」と公布し、各宗派僧侶の妻帯を認めた。認めたというより勧めたと言った方がよいだろう。

僧侶の世俗化策である。見事なまでにそれは効を奏した。出家、在家の区別が無くなったかのような観を呈したのである。同時に政府は僧侶にも姓《せい》を名乗らせた。

僧侶がそれまで姓を持たなかったのは、身分上の制約によるものではなかったようだ。本質的に姓を持たないことこそが僧侶たることの証《あかし》であり誇りであったという。その僧侶たちにも姓を名乗らせ、在家の人たちと同じように戸籍を作成したのである。戸籍があるため在家の人と同じ扱い。兵役に徴用される僧侶も出てきた。

◆西有穆山の警鐘

明治維新後、僧侶の在家化に危機感を抱いた西有穆山は、『弾《だん》僧侶妻帯論』、『安心訣《あんじんけつ》』を著《あらわ》し、時流に巻き込まれ妻帯していく全国の僧侶たちに警鐘を鳴らした。

一般僧侶に向けた動きとしては、明治一四年一月「敲唱会《こうしょうかい》」を設立して、天下同門の有志を募り、風紀の衰頽《すいたい》を憂える演説会を開くなど、積極的に僧侶の意識改革に取り組んだ。その時の演説が「婆言《ばごん》七條」として活字に残されている。（第二章参照）

二一世紀となった現在、仏教界では僧侶も普通に姓名を名乗る。一般市民と対等な立場になることを前提としているように見える。生涯独身という真の出家者はごく僅か、妻帯も普通の情景となっている。故に、今の世で個々の僧侶の妻帯をだれが非難できよう。しかし、西有穆山の言う「道心《どうしん》」にはどのように応えるのか。

（参考文献『明治仏教思想資料集成』、『肉食妻帯考』、『本山出頭後続記』）

二、伝心寺《でんしんじ》と静居寺《じょうごじ》

◆静居寺は天桂《てんけい》和尚で有名

明治二五年、西有穆山は可睡斎《かすいさい》を退董《たいとう》して、静岡県島田の清隠山伝心寺に移る。ここで本格的に若い僧侶や雲水たちを育てていった事は第四章で述べた通りである。

この伝心寺の本寺は同じく島田の静居寺である。静居寺は、中国の青原行思《せいげんぎょうし》禅師の居た青原山にそっくりな風致の良い所にあるので、同じ名のお寺にしたという。

静居寺は天桂和尚が九世住職で有名。現在も天桂伝尊《てんけいでんそん》和尚木像が安置されているという。

◆天桂和尚はどんな人

天桂伝尊和尚については、『眼蔵家の逸話』（杉本俊龍著 大法輪閣）から若干引用してみる。

「正法眼蔵を大衆《だいしゅ》を相手に提唱した人は、永祖滅後四〇〇年この方一人もいなかった。月舟《げっしゅう》・卍山《まんざん》は眼蔵の精神によって祖風を宣揚《せんよう》したのであるけれども、眼蔵の本文の講釈はしなかった。ところが、天桂伝尊は、自らの力で眼蔵を提唱した最初の人である。当時は眼蔵の名を知っていても、眼蔵を味わうことも眼蔵を師家《しけ》から聴くこともできなかった時代であるから、いかに天桂は天才的な努力家であったかがうかがわれるのである。（中略）かくして天桂の熱筆は二〇年間続けられた。『正法眼蔵弁註《べんちゅう》』二二巻は享保一五年（一七三〇）八月、天桂八三の老体にむちうって書き上げたのである。その気宇と精力にはただ頭が下がる。けだしこれは天下の偉業というべく、熱烈なる護法の信念があったればこそ大業をなしとげたのである。（中略）天桂の弁註は快刀乱麻の感があって、竹を割ったような愉快さはあるが、その反面、臆説謬見《おくせつびゅうけん》に堕した個所も決して少なくないのである。さればこそ、『非面授而』について、後来騒然として論議が生じたのである」

◆西有穆山の天桂和尚観

西有穆山も天桂和尚のことを『正法眼蔵啓迪《けいてき》』の中で指摘する。（筆録者富山祖英自身も、率直な感想を添えた個所がある）

「天柱ほどの大豪傑が、今日に至って衆人のそしりを受ける。あれほどの大著述がありながら、洞上《とうじょう》の具眼者《ぐげんしゃ》には外道《げどう》の如く評されるというのはなぜか。それは推倒門《すいとうもん》があまりに激しいからだ。とかく他をそしるということはいやらしいものじゃ。また徳を損ずる。他をそしるには及ばぬ、ただ自家は自家の明らめだけを真っ直ぐに説いて、利楽《りらく》を志せばよい。天柱には生涯事《じ》相《そう》の宗乗がない。ただ悪らつな推倒門ばかりじゃ。そこで今日に行なわれぬのである」

と評しているが、非難するばかりではない、現成公案《げんじょうこうあん》啓迪の中の、たきぎはひとなる、さらにかえりてたきぎとなるべきにあらず……、という有名な一節では、

「『しかあるを、生《しょう》の死になるといはざるは、仏法のさだまれるならひなり、このゆゑに不《ふ》生《しょう》といふ』。ここは一転して不生不滅の道理を示される。（祖英云わく、ここを穆山老師御提唱の時は、大そう満悦であらした。……というのは、老師の考えと古人の説と冥合《みょうごう》したからのことじゃ。前にあったように、天柱和尚の『弁註』は難の多い書物だが、さてこういうところへ来ると、実に卓抜である。それに老師の説が冥合した。不思議なことだ。それで満悦であらした……。）これは天柱の『弁註』と私の考えとが三〇〇年を隔てて不思議に冥合した。（中略）だんだんと参究の結果、やはりこれでよいことが分かった。では、どうして開山（道元禅師）がここをあちこち言われるかというと、私の書き入れに『不生の生なれば死になるべからず、不滅の滅なれば生になるべからず』と、こう合点して書き入れしておいた。これが偶然に天柱

の説と符合した。実に私は愉快じゃ。ここは実に開山の甚深微妙のところである」

◆良いところは認める

可睡斎を退董《たいとう》したのち温暖な島田の地を選んだ、と二、三の書籍に書いてあった。なぜ伝心寺を選んだのか、編者は少し疑問に思っていた。それが、現成公案啓迪のこの部分を読んだ時に疑問が晴れたような気がした。西有穆山は、「一芸に秀でている者をみだりに誹謗《ひぼう》することなかれ」と言っている。

そのような訳で、若い僧侶や雲水たちに天桂和尚のことを意識させる意味もあったのか。なにせ静居寺は伝心寺の本寺《ほんじ》である。小さな伝心寺から上の方に一キロばかり行った先に静居寺がある。伝心寺で弟子入りした岸沢惟安は、次のように述べている。

◆静居寺によく通っていた（岸沢惟安の話）

穆山師がまだ横浜に出られず、島田に隠居なされていた時に、本寺とわずか二町《ちょう》ばかりしかない。その本寺に江湖をおかせて、*四九日《しくにち》にはいつも自分の寺に戻って休んでおられた。ちょうど七八歳の時であった。寺から隠居所に戻るのに、田の畦《あぜ》を通る。近いからお袈裟を掛けたまま戻ると、蛙がぴょんぴょん田の中に飛び込むのだ。

「昨日な、俳句が出来たよ」

「へい、どういうのが出来ました」

「袈裟のかげ　なにおどろくぞ　跳ぶ蛙、　どうだ」

逃げなくてもよい。逃げなくてもよい。そこに居ろ、そこに居ろ、そう言うのだろう。

博愛及《ス》レ衆《ニ》、仁心《じんしん》が禽獣虫魚におよぶ。嘘はない。一切の衆生の利益《りやく》はこのお袈裟から出る。

（『正法眼蔵全講』「袈裟功徳・神通」）

＊四九日—毎月の四と九の付く日。四日、九日、一四日、一九日、二四日、二九日。禅の僧堂では、この日は開浴・浄髪、その他の私用にあてる。

三、永平寺と西有穆山

◆後架《ごか》をつくらねばならぬ（岸沢惟安の話）

明治一〇年に今の坐禅堂が建った時に、後架を造らねばならぬという事を、穆山師がやかましく言われたそうだが、その時永平寺は貧乏で、造ることが出来なかった。照堂《しょうどう》と洗面所だけは造らなければならぬ。けれどもそれを造る地所がないのと、一つは貧乏とで建てなかった。東司《とうす》しか建てていない。

それからもう一つ、衆寮《しゅりょう》というのがなければならぬ。これは坐禅堂と同じ大きさのものが、後架の他にあるのだ。坐禅堂と同じ配置にしてあるので、昼食後などに雲水はこの衆寮で休んだり、書籍を見たりする。つまり坐禅堂が二つなければならない訳だ。それにまた今言うところの後架があるのだから、大きい建築になるわけだ。

（『正法眼蔵全講』「栢樹子」）

◆*西堂《せいどう》に任ぜられる

明治一九年二月五日、大本山永平寺西堂に任命された。

続いて、黄緋直裰《じきとつ》披着を允許《いんきょ》され、生涯俸給を賜る事となった。また、遷化《せんげ》しなければ後任をおかない事。国内を移動する時には、全国の宗派組織において特別の待遇をするべきものとする事。全国の末派僧侶の叢林《そうりん》行脚《あんぎゃ》証明状に関して、時と所を問わず、不審と認める時にはこれを点検し可否をする特権を有する事。これらのことを西有穆山に与え、全国末派へ布達するという。

これは、開宗以来未曽有の新規則であった。（参考文献『本山出頭後続記』）
＊西堂―寺院内では住職に次ぐ位。住職を補佐し、修行僧の指導等に関わる。

◆永平寺の眼蔵会《げんぞうえ》（沢木興道の話）

衲《わし》が丘宗潭《おかそうたん》老師に相見《しょうけん》したのは明治三九年であったろうと思う。衲はその時に二七、丘老師は二〇上だから四七であったろう。
この年から永平寺で毎年、五月、六月の二ヶ月、眼蔵会《げんぞうえ》を勤めることになったのである。第一回の提唱を西有穆山禅師にお願いすることになり、永平寺の方で相談がまとまって、西有禅師を招待した。西有禅師はその時には八〇幾つになっておられたろうから、そこで西有禅師は、「丘、お前おれの代わりに永平寺に行って眼蔵をやってこい」と言われた。そしてその時に丘宗潭老師は、西有禅師から、これをもって永平寺へ行って開講式をやり、眼蔵を提唱してこいと言われて、如意《にょい》をもらったが、その如意は今でも修禅寺に残っているはずである。台湾の竹で作った先の曲がった如意である。（中略）
何といっても明治時代に多くの人を打ち出し、あるいは可睡斎におって長い間眼蔵を説き、また島田の伝心院《ママ》に引っ込んで眼蔵専門に天下の善知識を集めてやっておった西有禅師のことであるから、その代理というので丘宗潭老師の名声は天下にとどろいたわけである。

（『大法輪』昭和三十年七月号）

＊語り手、沢木興道《さわきこうどう》―西有穆山の随身の丘宗潭に随身した人。詳細は巻末。

◆開山、開山が口からとび出る（岸沢惟安の話）

穆山師は、高祖承陽大師《じょうようだいし》（道元禅師）を尊信することが人並みはずれていた。口ぐせに開山開山と申しておられた。

ちょうど錫《しゃく》を能登の大本山總持寺《そうじじ》にとばし、祝国開堂《しゅっこくかいどう》の大典を行われたついでに、室中において『三物秘弁《さんもつひべん》』を講義してくだされた。例によって、承陽大師を開山開山と呼ばれたから、石川監院《かんにん》が聞き捨てておかず、

「当山において開山と申しあげるは、太祖弘徳円明国師（常済大師、通常は瑩山《けいざん》禅師という）のことであります。お慎《つつし》み下さるように」と突っこまれた。

穆山師もなるほどと気がついて、太祖常済大師を開山と呼ぶように努めたが、いかんせん多年の薫習《くんじゅう》によりいつしか忘れてしまい、覚えず口をついて開山開山がとび出した。ただし、この時の開山は常済大師ではなくして、依然として承陽大師のおん事であった。

穆山師の身心は、それほど深く承陽大師に換却《かんきゃく》されてしまっていた。（『先師西有穆山和尚』）

◆永平寺貫首《かんしゅ》に当選？　穆山が難字ゆえ無効票多し

明治二四年、大本山永平寺において、貫首滝谷琢宗《たきやたくしゅう》禅師が退隠《たいいん》することになり、後董《とう》（貫首）選挙が行われた。

推薦されたのは二人、穆山瑾英《きんえい》（西有穆山・七一歳）と大休悟由《ごゆう》（森田悟由・五八歳）である。両者ともに人望が有り、宗門を代表するにふさわしい人物であった。応援する若手の僧侶もそれぞれにたくさん居たらしい。故に、両者の陣営では激烈な競争が行われたという。

候補者名を記名し投票する形で選挙が実施された。

開票の結果、森田悟由の当選となったが、両者の得票は伯仲《はくちゅう》していた。しかし、無効票が大変多く出たという。理由は穆山瑾英の「穆」の字が難字であったことから、誤字を書いた票がことごとく無効とされたことによる。

西有穆山の陣営で選挙立会人をしていた日置黙仙《ひおきもくせん》は、はなはだ不純なる選挙であるとして、選挙調査票調印を拒否して応じなかった。それにとどまらず、貫首選挙再審査を要求したが、聞き入れられなかった。日置黙仙は、選挙は無効であるとして、裁判訴訟も行ったが、結局はすべてが徒労に終わったようである。

この件に関して、当の西有穆山は一言も発していない。何もないのだ。

そんな虚心坦懐の西有穆山とは別なところで事態は動いていった。後年、この件が帝国議会で問題として取り上げられる事になった。

明治二六年一二月五日第五次帝国議会、衆議院で鶴飼郁次郎議員が「曹洞宗事件に就いて」質問演説を行った。『曹洞宗百年のあゆみ』から原文のまま記す。
一、曹洞宗本山永平寺住職選挙投票調査之件
「吾が帝国宗教中曹洞宗の如きは最多数の末寺信徒を有したる一大宗旨なれば、行政官に於いては特に慎重なる保護を加えざるべからざるものなり。然るに去る明治二十四年八月一日より挙行せられし、本山永平寺住職選挙投票の開札上、不正の廉《かど》あるを以て、同年九月中同宗末派寺院より該《がい》投票の再調査を内務省へ出願し、爾来《じらい》数百回請願要求するも、内務大臣は之を等閑《なおざり》に付し、満二箇年以後の今日に到るも之を調査せざるは如何」

これに対する内務大臣井上馨は次のような答弁をしている。これも原文のまま。

一、曹洞宗本山永平寺住職選挙投票調査之件

「内務大臣は現行法規並に明治十七年太政官達第十九号第四条に基きて認可したる宗制に依りたる宗派を監督する職務を有する者にして、宗内僧侶の請願有無に拘わらず本大臣は疾《はやく》に曹洞宗永平寺住職選挙投票に関して調査に着手し、之を当時の管長及事務取扱に下問したけれども、其管長及事務取扱の更迭あり、又事務取扱の間意見を異にして事頗《すこぶ》る錯綜《さくそう》に渉《わた》るを以て今尚調査中也」

今も昔も、ああお役所仕事！　と言うべきか。

（参考文献『日置黙仙禅師伝』、『曹洞宗百年のあゆみ』）

西有穆山が永平寺貫首選挙に当選しなかったのは、『正法眼蔵』のそれからの発展を考えると幸運なことだったかもしれない。もし、穆山が当選していたら、多忙な役職のため後進を育てるための時間が確実に少なくなる。そうなれば、『正法眼蔵』の伝承は一部の人たちによって細々と続けられることになったかもしれない。

また、森田悟由という西有穆山に引けを取らない徳の高い永平寺貫首が、後年一方の本山總持寺の貫首になった西有穆山とともに曹洞宗の発展に寄与したことは紛れもない事実である。

四、帰郷の謎

西有穆山の経歴は竹を割ったようにすっきりとしている。少々の疑問、例えば、貧乏生活。八十歳過ぎて住職した横浜の西有寺で、三〇人の雲水を養うために、必要がない物を売り、托鉢をして食べていた。まさに乞食《こつじき》の生活である。西有穆山ほどの高僧がたった三〇人ほどの雲水で……。これは最近の新資料で明らかになった事であるが、受けた浄財《じょうざい》のほとんどを社会へ喜捨《きしゃ》していたことで説明がつく。貧乏生活もこれですんなりと重なる。

そのような中でただ一点だけ、出てきた資料と伝わってきた話と辻褄《つじつま》の合わない事がある。生涯の一大転機に関わる事なので見逃しにできない。それは、三〇歳の時に帰郷し母の訓戒を受けて、月潭老人の門下に入って『正法眼蔵』参究の道を歩んでいったという経緯《いきさつ》である。

◆二つの疑義

一つは帰郷の時期、伝記では三〇歳で帰郷となっているが、ちょっと違うようである。二つ目は帰郷の理由である。以下に資料を具体的に提示しながら述べてみたい。

◇疑義の根拠その一

これまでは、穆山本人が話した『経歴談』によって、三〇歳の時に帰郷し、その後月潭老人の下に入門したことになっている。伝記などもこれに倣《なら》って書かれてきた。弟子の岸沢惟安が書いた『先師西有穆山和尚』に、小田原海蔵寺の月潭老人の下で修行していた時のことが書いてある。それを引用して次に記す。

金英をあらためて瑾英となす

この円覚経の講義中、何かの緊急の事にせまられて仙台に行かれた。そのとき月潭老人が、一偈《げ》を書いてはなむけにしてくれた。その偈は、

送㆔瑾英和上大暑中遊㆓仙台㆒

往昔《ソノカミ》文殊三処居　飲光挙㆑槌絶㆓親疎㆒

仙台莫㆑道千余里　円覚場中都《スベテ》一蘆

右月潭拝草

己酉六月初十日

というものであった。己酉は嘉永二年にあたり、先師（穆山）が二十九歳の時だ。大暑中とい

えば、雨安居《うあんご》だ。月潭和尚語録には、

瑾英和上四月上旬来投㆑錫六月中旬俄爾飛㆓錫奥仙台㆒偈以送㆑之

と題してある。これでみると、嘉永二年雨安居の際はすでに金英を改めて瑾英と言っておられたことが分かる。

けだし月潭老人が、金英の二字が雅馴《がじゅん》ならざるをみて、掛錫《かしゃく》してから幾らもたたないうちに瑾英に改めて下されたものとみえる。月潭老人は配下にその名の雅馴ならざる者があれば、よく改めて下された。例えば、禅法を全鳳と改めた類であります。

この一節は名前を改めた事を記しているが、重要な事が書いてある。一つには、二九歳で月潭老人の門下に入っていること（帰郷の前である）。二つには、入門わずか二ヶ月で、月潭老人の円覚経講義中にもかかわらず、何か緊急な事があって途中退場し、仙台に向かったこと。三つには、月潭老人から偈を頂戴するほどの信頼があったこと、である。

◇疑義の根拠その二

大正七年一二月発行の「日本及日本人」という雑誌がある。この中に桜田大我という人物が寄稿した「道成寺型の西有穆山」という記事がある。引用するが、少々長いので要約して次に記す。

近世の禅宗坊さんで碧巌《へきがん》（筆者注　正法眼蔵の誤り）を読むこと、恐らく西有穆山に及ぶ者はあるまい。この穆山に就いて一つの艶聞《えんぶん》がある。穆山初住《しょじゅう》の寺は築土八幡（同　牛込弁天町の誤り）の寺であった。檀家に醤油醸造の豪商があって、その家の娘が若後家となって、穆山に恋慕した。そのうち穆山も困って、諄々《じゅんじゅん》と説き聞かせたが、女の一念堅く、ついに死をもって穆山に迫った。穆山も百計尽きて、密かに寺を出て、小田原最乗寺（同　海蔵寺の誤り）の月潭和尚を訪ねて、事情を話し、独参《どくさん》を乞い願った。月潭和尚これを許諾してくれた。穆山が寺を出て姿を隠したことに女は憤り、あちこち尋ねてようやく小田原に居ることを突き止めた。女は幾度も小田原に通い月潭和尚に掛け合ったが、いつも要領を得ない。そのうち半永久の策に出て、寺の門前の宿に泊まり込み、穆山の外出を待って一歩も引かない構えであった。しばらくそうしていたが、それも効果なく、結局、月潭和尚に説服させられて正気を取り戻したのか、東京（同　江戸の誤り）に帰って行った。

この記事自体、固有名詞などに誤りが見受けられ、又聞きの又聞きを記事にしたのかもしれない。しかし、全体の情況はあながち作り話とも思えない。

◆疑義を考察する

◇帰郷の時期

これまで三〇歳の帰郷と言われてきたが、それは嘉永三年にあたる。嘉永三年の一〇月には、父長次郎が亡くなっている。しかし、穆山自身が語った事柄には、父親の見舞いとか、亡くなってからの供養とかは一切ない。父母への孝を信条にしている穆山がこのことに触れない訳はない。このことから、帰郷は三〇歳ではなく、二九歳の時と考えられる。江戸時代なので年齢は数え年である。

◇帰郷の理由

帰郷してからの事は穆山も話している。郷里の友人や僧侶から江戸に帰らず八戸で住職をしたらと勧められたこと、それがために母から厳しい訓戒を受けたことである。しかし、帰郷の理由は話にも伝記にも存在しない。ましてや厳しい禅風で知られる月潭老人が、掛錫《かしゃく》してからたった二ヶ月で寺を離れる穆山に一偈を餞別にしてまで、理由無しに送り出すはずがない。「何かの緊急の事にせまられて仙台に行かれた」とあったが、江戸を離れる緊急の事とは、例のストーカー若後家さんかも知れない。そうすると、行く先は仙台だけとは限らないだろう。

◆まとめとして

江戸時代の禅宗僧侶には豪傑と言われた人が何人もいる。

梅崖《せんがい》（諸嶽《もろたけ》）奕堂は力自慢の大男で知られるが、若い頃、郷里名古屋近くの熱田《あつた》を過ぎるとき出来心で一妓楼《ぎろう》に遊んだ。朝玄関口で見送る太夫《たゆう》に女将《おかみ》を呼ばせて、「今まではお客であったが、これからは雲水だ。どうか朝斎《ちょうさい》（朝飯）の供養に預かりたい」と言って朝飯を食って出立した。押しの太さに呆れていた女将に、その家の亭主は、「あの沈着ぶりと器量を見よ。尋常の雲水ではない。後日きっと名を成すに違いない。よく覚えておけ」と言った。奕堂は後に、住職をした前橋の龍海院を一〇〇人もの雲水が集まる一大修行道場とし、最後には大本山總持寺貫首になっている。

（『傑僧秘話』）

瑞岡珍牛《ずいこうちんぎゅう》は大本山永平寺の監院《かんにん》*を勤めた立派な人だ。居眠り半分の坐禅修行した人とはわけが違う。監院をやめて江戸に出てきたとき、緞帳芝居《どんちょうしばい》の幕引きをやった。その次に吉原に行って恋の辻占売りになった。そこでは、この目が一切のものに、この耳が弦歌《げんか》の声にも騙《だま》されないように修行した。それでも危ないと思うから、女郎屋に入って帳面付けをやった。こうして、あらゆるものにとらわれないように鍛え上げられた。自他の仕切りが取れてしまい、腹がすわって何事にも動じなくなってしまった。ついでに言うと、珍牛は当時、『正法眼蔵』の第一人者であった。

（『正法眼蔵全講』「仏向上事」）

＊監院―住職を補佐する六知事の一人、寺院の一切の事務を総監する役名

江戸時代は禅僧にとって厳しい戒律があったが、このような大らかな面もあったようだ。従って、禅僧にストーカーするような女性もいたであろう。

この時の若後家さんは、ひょっとすると観世音菩薩様の化身であったかもしれない。なぜならば、この一連の出来事によって、穆山が鳳林寺の住職を弟子（慧暁）に譲り、一人月潭老人の下に参じて修行すること苦節一二年、ついに『正法眼蔵』の全てを伝授されたのであった。その結果として、西有穆山は、当時も今も誰もが認める近代随一の『正法眼蔵』の大家と認められている。彼女は観音様の化身として、その因縁を作ったかもしれないのだから。

五、備忘録ショートショート

◆西有穆山の名

三つの名称が存在する。

一、**穆山瑾英大和尚**《ぼくざんきんえいだいおしょう》　僧籍上の名称である。

〝**穆山**〟は道号、一般的には号と言う。〝**瑾英**〟は戒名、諱《いみな》（忌み名）とも言われる。〝大和尚〟は僧侶の位である。

二、**西有穆山**《にしありぼくざん》　姓＋道号で、今日一般的に呼ばれている名称である。

維新後の明治政府は、僧侶にも姓を名乗らせた。「西有」は仏典からの引用と本人が言っており、新規に作られた姓である。

三、**直心浄国禅師**《じきしんじょうこくぜんじ》　禅師号と言われる名称である。勅特賜号ともいわれる。

大本山總持寺の貫首になった時、明治天皇から特別に賜ったものである。

備考　墨跡の落款《らっかん》は、「可翁」、「有安道人」などと署名している。「可翁」は可睡斎《かすいさい》に因《ちな》んでいる。「有安道人」は自身を三界有安老人と称した。（仏典に『三界無安ノ火宅』があり、無安を有安であるとしたもの）。

◆西有穆山の体格（岸沢惟安の話）

穆山師はわしより背丈が低かった。身長だけはご無礼していたな……。妙なことには、肩がぐっと四角になっていて、肩で着こなすのだな。わしが譲っていただいた着物が、わしに短くない。また伝衣《でんえ》も、やはり師匠のお袈裟をかけて、ちょうど良いのだ。妙なものだな。

（『正法眼蔵全講』「袈裟功徳」）

◆スパイが入っていた（岸沢惟安の話）

穆山師が可睡斎の住職中に、埼玉から大田という人が来ていた。その人の師匠は有名な信心家で、穆山師のところに手紙をよこして、あなたのお弟子と思って、ぶってもはってもよいから、どうぞ一人前の者にしてくださいと言ってよこした。

大学を出てきていたが、穆山師もその師匠の言うことを真に受けて、本気になって、こっぴどい接得《せっとく》をした。ある時大田が庭掃除をしていた。方丈の庭には萩があって、それがちょうど芽を出していたところを、みんな刈ってしまった。ちょうど見回りに出てみるとその始末だから、穆山師が腹を立てて、持っていた杖で追い回し、うんと打ち抜いたのだ。それで、その坊主すぐに送行《そうあん》してしまった。

そして駅前の旅館に泊まって、わしは雲水に来たのではない。滝谷《たきや》禅師に頼まれて、探偵に来ていたのだ。それなのにひどく打たれたと、さんざん穆山師を罵倒《ばとう》したそうだ。その旅館が可睡斎の定宿《じょうやど》だったから、すぐにそれが筒抜けになって知れたのだ。滝谷禅師は品行の悪い人であったから、穆山師が目の敵《かたき》になっていた。何かあると食ってかかるものだから、どうかして穆山師を排斥《はいせき》しようとしていた。だから、表向きはどうでもよいが、内幕を見るために大学を卒業した大田をよこしていたのだ。そのような無道心の者に、本当の接得をしたから、忠言がかえって耳に逆らった。それだから罵倒しぬいたのだ。

（『正法眼蔵全講』「重雲堂式・谿声山色」）

◆三にも四にも下った説教（岸沢惟安の話）

穆山師がこんなことを話されたことがある。東京の居士《こじ》や大姉《だいし》連中がどうも自分一人仏法を知っているようなことを言っているから、その連中を集めて、僧侶と同じような厳重な授戒《じゅかい》をやった。

五〇人ばかりの戒弟《かいてい》であったそうだ。坐禅はもとより、応量器《おうりょうき》でご飯もいただいた。

ところが檀家から抗議が出たのだ。偉い人ばかりお授戒につかせて、わしどもはどうしてくださるのですと、住職が抗議を申し込まれて、これには住職も弱った。

仕方がない、それで空いている日に穆山師に説教してもらって、檀家の人にはそれで辛抱してもらったというのだ。

ところがその説教が、第二義どころか、三にも四にも下って話したものだという。あとで穆山師も、よくもあんな馬鹿なことを話したものだと、自分でも思ったそうだ。

すると、二〇年も三〇年も仏法の話を聞いていたという婦人が来て、

「禅師さま、今日のお説教はよく分かりました。ありがとうございます」

と言っていたそうだ。

そのことを聞くと、これまで聞いていたのは分からなかったのだな。これが相当だと思って話してやったのはみな分からず、三流、四流の話をすると、初めて分かることもあるのだ。

（『正法眼蔵全講』「谿声山色」）

◆観音様に助けられた（岸沢惟安の話）

明治の初め頃、合併大教院《だいきょういん》というのがあって、宗教全般を取り扱っていた。

その合併大教院から言いつかって、穆山師が初めて北海道に布教に行かれることになった。その時は東京を出て、横浜から船で北海道に行くということに決まった。いつもの泊まりつけの宿広島屋に時間を調べさせると、明日の一一時に船が横浜を出帆するということだ。翌日の一一時に行ってみると、一時間も前に船は出てしまっていたのだ。穆山師はかんしゃく持ちであったから、「宿屋根性を出しおって、もう一晩の宿銭を稼ぎたいのか」と怒りぬいたけれども、出帆《しゅっぱん》してしまった船はどうすることもできない。

それでそのまた翌日の船に乗り込んで出発したのだが、その船が金華山の沖まで行った時に、昨日出帆した船が、そのあたりで木っ端微塵《こっぱみじん》になってしまったということを聞かされたのだ。その船に乗りそびれたばかりに助かった。そのことを穆山師は、

「一時間遅れたために命拾いした。日頃信心していた観音様に助けられたのだ」

そう言っておられた。

穆山師の観音信仰は世間に広く行き渡っていたから、世間の人は、「観音様が、昨日の船に乗り込ませられなかったのだ」と言い言いしておった。

（『正法眼蔵全講』「身心学道」）

◆おのれが名利《みょうり》の窟宅《くったく》とせず（岸沢惟安の話）

穆山師が、横浜に西有寺が出来た時に、

「この寺は決して格地《かくち》にしてはならない。特別な格式のある寺にしないで、ただ法地だけにしておけ」

と弟子どもや、法類まで集めて言い渡し、それを書付けにして渡されたのだ。

「この寺に住職する者は、ただ雲水を集めて、諸仏のために法を供養する道場にせよ」

と言うのだ。

東京の宮田という信者が、横浜に出られることに非常に反対して、

「あんな所に出てはいけません。島田に居られるのであれば、どのようなことでも供養し、決して困るようにはいたしません」

というようなひどい意見書をよこしてきた。それに対して穆山師は、

「わしは名利のために出るのではない。因縁が熟したから、横浜の者を感化《かんか》するために出るのだ。焼け出されたつもりで行けば、食うものも飲むものも無くてもやれる。半年もしたら必ず食べられるようになる」

そう言って出られた。

これからはもう江湖《ごうこ》にも、戒師にも出ないから、お袈裟も法衣《ころも》も要《い》らない。数珠までも売ってお銭《あし》にして、それを雲水の食料に充てて出られたのだ。

やはり半年経つというと、大衆《だいしゅ》を供養するのに困らないようになった。それまでは穆山師のお袈裟も法衣も、数珠までも食べて、きちんと規則通りにやったから、それでお寺が出来たのだ。まったく名利のために建てたのではなく、衆生済度のために建てた。その余徳のために、今日でも五〇人の雲水が居る。

（『正法眼蔵全講』「行持〈下〉」）

六、著書

◆側近の筆記が残したもの

西有穆山の著書を挙げる。筆記本を近年になってから活字化したものも含む。

①『弾《だん》僧侶妻帯論』　明治一二年成文社刊／夏目義順聴書の前編後編、筆記本もあり。
②『学道用心集講筵《こうえん》捃拾《くんじゅう》聞解《もんげ》』　明治一七年提唱　刊行年不詳
③『安心訣』　明治二二年口述　西有恵観編　明治二六年刊　鴻盟社刊
④『学道用心集提耳録』　明治三二年提唱　岸澤惟安編　明治四一年　鴻盟社刊
⑤『永平家訓私記』　明治三三年提唱　富山祖英聴書　平成一三年　西有寺刊　制作大法輪閣

⑥『坐禅用心記提耳録』 明治三三年提唱 岸澤惟安編 昭和八年 鴻盟社刊

⑦『坐禅用心記啓迪』 明治三三年提唱 富山祖英聴書 平成二四年 永見寺刊 制作大法輪閣

⑧『禅戒訓蒙』 松井雪乗編 明治三五年 鴻盟社刊

⑨『洞山五位説（不能語）』 講演集の分本 明治三五年 鴻盟社刊

⑩『佛祖正伝禅戒鈔講話』 岩上覺成編 明治三六年 鴻盟社刊

⑪『正法眼蔵弁道話講義』 曹洞宗青年会編 明治四一年 鴻盟社刊

編者注 これは『仏教講演集』明治三六年の分本として出版されたもので、後に出版された『弁道話啓迪』とは別の趣がある。時間制限のある講演のためか、文字数も約三分の一と少ない。

⑫『西有禅話』 横井見明編 明治三八年 鴻盟社刊

⑬『普勧坐禅儀提耳録』 岸澤惟安編 明治四四年 鴻盟社刊

⑭『禅戒の要訣』 玉田仁齢編 大正一一年 鴻盟社刊

⑮『直心浄国禅師語録』 岸澤惟安編 大正一五年 鴻盟社刊

『永平家訓私記』

⑯『正法眼蔵啓迪』　全十巻　富山祖英聴書　昭和五年　正法眼蔵啓迪頒布會刊

以上一六冊は活字本として本になっている。内容が一つの論題でそれが表題になっているもの、いくつかの論題をまとめてあるものなど混在しているが、ここでは触れない。

この他に、活字にはなっていないが、筆記本として残され、存在を確認したものがあるので、次に挙げておく。

⑰『宝慶記弁々』　筆記年不詳

⑱『伝戒会裏閑話《りかんな》他』　筆記年不詳

また、講演集などの体裁で出版された書籍の中に掲載されているものもある。

⑲「婆言《ばごん》七條」『仏教演説雄弁集』明治一九年刊に掲載

⑳「三章略解」『曹洞宗選書第一巻』に若干の引用有り

㉑「正法眼蔵開講備忘」『正法眼蔵私記』明治二九年刊に掲載

㉒「御教諭」『曹洞宗説教大全』明治三五年刊に掲載

『直心浄国禅師語録』

すべて弟子あるいは随身の者が講義を筆記したものである。

西有穆山は講義を筆録することをほとんど許さなかった。

筆録している者を見つけると、

「この馬鹿者、耳学問め！、出て行け」

と大変な剣幕で怒ったそうである。

それでも、将来西有穆山の思想が消え去ることを心配した弟子や随身が、襖や障子の陰に隠れて筆録を続けたという。

同時代の高僧の中でも著書の数は突出している。膨大な文字数を考えると、西有穆山も仏教の将来を思って、襖や障子の陰は見て見ぬふりをしていたのかもしれない。

七、年譜

西暦	元号	干支	年齢（数え）	
一八二一	文政四	辛巳	1	浜通村湊（現、青森県八戸市湊町本町）に生まれる
一八二三	〃六	癸未	3	母の実家（廿六日町）に跡継ぎがいないため養子となる
一八二六	〃九	丙戌	6	母の実家に男子誕生。一人で生家まで歩いて帰る
一八二九	〃一二	己丑	9	願栄寺の地獄極楽絵図を見て出家を決意
一八三一	天保二	辛卯	11	両親に出家を願い出るが許されず
一八三三	〃四	癸巳	13	菩提寺長流寺の金龍和尚のもとで得度
一八三四	〃五	甲午	14	金龍和尚、法光寺に栄転す。師に従って移る
一八三五	〃六	乙未	15	師金龍和尚より仏典を習得
一八三六	〃七	丙申	16	四書五経を学ぶも、師匠に頼むべき人無きを託つ

一八三七	天保八	丁酉	17	江戸遊学を志し、便船に乗るも失敗
一八三八	〃九	戊戌	18	金龍和尚、病に倒れる。一時回復するも遂に遷化
一八三九	〃一〇	己亥	19	仙台松音寺悦音和尚門下に。仙台諸方の高僧に歴参する
一八四〇	〃一一	庚子	20	江戸吉祥寺旃檀林に学ぶ、正法眼蔵を初めて聴く
一八四二	〃一三	壬寅	22	江戸牛込宗参寺泰厳曹隆大和尚の弟子となり、立職する
一八四三	〃一四	癸卯	23	曹隆師の弟子泰禅師に嗣法し、牛込鳳林寺住職となる
一八四五	弘化二	乙巳	25	転衣する。旃檀林愚禅和尚に随身し、正法眼蔵などを参究
一八四七	〃四	丁未	27	大和尚の位を得る
一八四九	嘉永二	己酉	29	郷里に帰る。母の厳しい叱責を受け、住職を辞し、小田原海蔵寺月潭師のもとで学道に励む
一八五〇	〃三	庚戌	30	父長次郎死去する
一八五二	〃五	壬子	32	坐禅専修道場、前橋龍海院住職諸嶽奕堂師に二夏参ずる

一八五五	安政二	乙卯	35	三島如来寺の住職となる。月潭師の正法眼蔵提唱を聞くために、毎回箱根八里を越えて小田原まで往復し、小田原から帰ると弟子に講義するという日を暮らす
一八五八	〃五	戊午	38	湯河原英潮院の住職となる
一八六一	文久元	辛酉	41	伊豆修禅寺住職仏母梅苗師に参ずる
一八六二	〃二	壬戌	42	牛込宗参寺の住職となる。随身する者多し
一八六五	慶応元年	乙丑	45	宗参寺授戒会に徳川天璋院（篤姫）参ずる
一八六八	慶応四 明治元年	戊辰	48	檀家である徳川慶喜公側用人室賀甲斐守の命を官軍及び幕府残党組から救う。西郷隆盛にも会見
一八六九	〃二	己巳	49	三十三観音像を法光寺宿寺（光龍寺）に寄進
一八七一	〃四	辛未	51	群馬桐生鳳仙寺住職となる
一八七二	〃五	壬申	52	本山代理、管長事務取扱に任命される
一八七三	〃六	癸酉	53	廃仏毀釈を論破、法服廃止を覆す
一八七四	〃七	甲戌	54	法光寺住職となる。北海道札幌に中央寺建立を決める

一八七五	明治八	乙亥	55	全国を巡教し、廃仏毀釈による時弊を正す
一八七七	〃一〇	丁丑	57	静岡袋井可睡斎住職となる
一八七八	〃一一	戊寅	58	光龍寺を独立寺として開山。「弾僧侶妻帯論」を著す
一八七九	〃一二	己卯	59	全国から招請あり、巡教を重ねる
一八八〇	〃一三	庚辰	60	八戸類家長流寺に薬師如来を寄進
一八八一	〃一四	辛巳	61	万松学舎設立。札幌中央寺開基。藤枝宗乗寺住職兼務
一八八二	〃一五	壬午	62	全国を巡教、正法眼蔵などを講義する。母なを死去
一八八六	〃一九	丙戌	66	大本山永平寺西堂に任命される
一八八八	〃二一	戊子	68	全国からの招請多くなり、以後多忙を極める
一八九一	〃二四	辛卯	71	大本山永平寺貫首選挙、「穆」難字のため無効票多く惜敗
一八九二	〃二五	壬辰	72	可睡斎を退董し、島田伝心寺住職となる
一八九三	〃二六	癸巳	73	横浜野毛山に万徳寺を開山

一八九四	〃二七	甲午	74	全国から優秀な学僧達が伝心寺の眼蔵会に参ずる
一八九五	〃二八	乙未	75	浅草本然寺住職兼務
一八九六	〃二九	丙申	76	八戸白銀福昌寺に三陸海嘯（大津波）溺死者慰霊碑を寄進
一八九七	〃三〇	丁酉	77	全国からの招請未だ多し
一八九九	〃三二	己亥	79	八戸小中野常現寺開基。本尊仏魚籃観音を寄進 報知新聞に「穆山和尚」連載される
一九〇〇	〃三三	庚子	80	横浜に西有寺創建され、開山となり移る
一九〇一	〃三四	辛丑	81	大本山總持寺貫首となる
一九〇二	〃三五	壬寅	82	曹洞宗管長に就任
一九〇五	〃三八	乙巳	85	大本山總持寺貫首を辞し西有寺に隠退
一九〇八	〃四一	戊申	88	芝青松寺で米寿の祝賀、参会者大隈重信侯他千有余名
一九一〇	〃四三	庚戌	90	12月4日、示寂

【主な語り手の略歴】

日置黙仙《ひおきもくせん》（一八四七―一九二〇）西有穆山の随身
可睡斎住職。東南アジア、アメリカなど海外の布教に尽力
大本山永平寺貫首、曹洞宗管長

秋野孝道《あきのこうどう》（一八五八―一九三四）西有穆山の随身
可睡斎住職。曹洞宗大学林学長。大本山永平寺の眼蔵会講師
大本山總持寺貫首、曹洞宗管長

丘　宗潭《おかそうたん》（一八六〇―一九二一）西有穆山の随身
伊豆修禅寺住職。熊本大慈寺住職。曹洞宗大学林学長
大本山永平寺の眼蔵会初代講師

岸沢惟安《きしざわいあん》（一八六五―一九五五）西有穆山の嗣法の弟子
師範学校卒業し小学校の訓導をする。漢学に優れる。三二歳で得度
静岡焼津旭傳院開創、開山。『正法眼蔵全講』著者。大本山永平寺の眼蔵会講師

羽仁《はに》もと子（一八七三―一九五七）日本で最初の婦人記者。八戸市の出身

婦人之友社を創設。自由学園を創立し、人材の育成にも力を注ぐ

沢木興道《さわきこうどう》（一八八〇－一九六五）丘宗潭の随身

駒澤大学特任教授。特定の寺を持たずに全国を行脚。別名「宿無し興道」が有名

『沢木興道全集』全一八巻、別巻一がある

田中慶道《たなかけいどう》（一九二三－二〇〇九）岸沢惟安の孫弟子

静岡焼津旭傳院住職。岸沢惟安の弟子岸沢知等の弟子

曹洞宗特派布教師。俳人、号紫水

正部家種康《しょうぶけたねやす》（一九二五－二〇一二）西有穆山禅師顕彰会元会長

八戸市総務部長、市博物館初代館長などを歴任。南部地方の郷土史家として有名

主著に『みちのく南部八百年』、『南部昔コ』、『えんぶり読本』など

【参考文献】

『正法眼蔵啓迪』全三巻　西有穆山口述　富山祖英編　昭和40年　大法輪閣
『直心浄国禅師語録』西有穆山著　岸澤惟安編　大正15年　鴻盟社
『普勧坐禅儀提耳録』西有穆山口述　岸澤惟安編　明治44年　鴻盟社
『坐禅用心記提耳録』西有穆山口述　岸澤惟安編　昭和8年　鴻盟社
『坐禅用心記啓迪』西有穆山口述　富山祖英編　平成24年　永見寺　制作大法輪閣
『永平家訓私記』西有穆山口述　富山祖英編　平成13年　西有寺　制作大法輪閣
『学道用心集提耳録』西有穆山口述　岸澤惟安編　明治41年　鴻盟社
『安心訣』西有穆山口述　西有恵観編　明治26年　鴻盟社
『佛祖正傳禪戒鈔講話』西有穆山口述　岩上覚成編　明治36年　鴻盟社
『本山出頭後続記　可睡中興四十七世穆山老師小伝』明治5年～明治43年の筆記録　旭傳院所蔵
『西有禅話』西有穆山口述　横井見明編　明治38年　鴻盟社
『禅戒の要訣』西有穆山口述　玉田仁齢編　大正11年　鴻盟社
『禅戒訓蒙』西有穆山口述　松井雪乗編　明治35年　鴻盟社
『正法眼蔵全講』全二十四巻　岸澤惟安口述　門脇章太郎（聴心）編　昭和47年　大法輪閣
『高僧穆山』横井見明編　昭和6年　中央仏教社
『難病患者の福音』生田若水著　明治39年　精神学院
『先師西有穆山和尚』岸澤惟安著　昭和44年　西有穆山禅師顕彰会復刻再刊

『穆山老師應機接物九十年』横井見明編　明治44年　鴻盟社
『仏教演説雄弁集』明治19年　森江佐七発行
『嶽陽名士伝』山田萬作編著　明治24年　山田萬作発行
『日置黙仙禅師伝』高階瓏仙著　昭和37年　大法輪閣
『眼蔵家の逸話』杉本俊龍著　昭和34年　平成18年　大法輪閣再刊
『禅の骨髄』秋野孝道著　大正4年　国書刊行会
『正法眼蔵講話 弁道話』秋野孝道著　大正15年　鴻盟社
『禅門佳話』菅原洞禅著　大正6年　昭和52年　国書刊行会再版
『明治大正傑僧秘話』山内脩謙著　昭和4年　大雄閣
『江湖会と授戒』秋野孝道口述　明治40年　静岡県教友会
『名家長壽實歴談』中村木公編　明治40年　實業之日本社
『道元禅』第一巻　鏡島元隆編　昭和35年　誠信書房
『可睡齋視点　中遠地方仏教教団史稿』鈴木泰山著　昭和57年　可睡齋
『禅床夜話』西有穆山共著　小林良参編　来馬琢道発行　明治36年　仏教社
『禅の生活』第七巻第八号　昭和3年　禅の生活社
『大法輪』昭和30年7月号　大法輪閣
『曹洞宗百年のあゆみ』横関了胤編著　昭和45年　曹洞宗宗務庁
「報知新聞」明治32年、33年、34年　報知新聞社
「デーリー東北」昭和25年12月21日号
『この母この子』宮瀬睦夫著　昭和16年　第一公論社

『日本及日本人』大正7年12月1日第七四五号　政教社
『参同契葛藤集・宝鏡三昧歌講話』岸澤惟安著　昭和46年　大法輪閣
『直心浄国禅師逸話集（復元版）』七尾英鳳画　昭和36年　西有穆山禅師顕彰会所蔵
『郷土の名僧西有穆山～その人と年譜』昭和47年　八戸市立図書館
『禅の修証義』佐藤泰舜著　昭和50年　誠信書房
『幕末明治の名僧 西有穆山禅師 ―その生涯と勝蹟―』吉田隆悦著　昭和51年　伊吉書院
『沢木興道聞き書き―ある禅者の生涯―』酒井得元著　昭和59年　講談社学術文庫
『沢木興道　この古心の人（上）（下）』田中忠雄著　平成2年　大法輪閣
『西有穆山禅師～没後百年を迎えて』平成21年　西有穆山禅師顕彰会
『明治仏教思想資料集成』第五巻・第六巻　昭和56年　同朋舎出版
『肉食妻帯考』中村生雄著　平成23年　青土社
『「正法眼蔵」「永平広録」用語辞典』大谷哲夫編著　平成24年　大法輪閣
『続はちのへ今昔』（八戸中学講演録掲載）平成18年12月号　月館弘勝編　けいおう
『明治の金勘定』山本博文著　歴史新書　平成29年　洋泉社
『出羽三山』岩鼻道明著　平成29年　岩波新書
『正法眼蔵（一）～（四）』道元著　水野弥穂子校注　平成五年　岩波文庫
『仏教用語の基礎知識』山折哲雄編著　平成12年　角川書店
『日常仏教語』岩本裕著　昭和47年　中央公論社
『大漢和辞典』諸橋轍次著　昭和46年縮写版　大修館書店

あとがき

近代において、難解といわれた『正法眼蔵』の扉を開き、それを世に広めるべく後継者を多数育成して今日の『正法眼蔵』隆盛の礎を築いたのは、近代禅界の巨壁といわれた西有穆山禅師です。

名利名聞からは距離を置き、僧侶としての規範を示した西有穆山禅師。自身の功績についてはほとんど語っていません。それ故、代表的な功績は知られていますが、そこに至る道筋や日常生活については、多くの事が不明でした。編者伊藤はおよそ二〇年にわたり西有穆山禅師の著書並びに関連資料を収集し、主要なものはほとんど集めることが出来たと考えております。それらを読み進めていきますと、西有穆山禅師という傑僧の生きた時代とその流れが少しずつ浮かび上がり、明治初期の混迷した仏教界に西有穆山禅師が指し示した護法精神が重く存在する事が分かります。その中から分かってきた事もあります。例えば、明治初期の著作文献として研究者が探し求めている『護法用心集』があります。これは『禅籍目録』にも所在不明とされていますが、編者は本書掲載の「婆言七條」とほとんど同一内容と思っております。なぜなら、その時期の穆山禅師の主張は終始一貫しているように思えるからです。

本書を作成するにあたり、次の方々には特にお世話になりました。心から感謝申し上げます。

焼津市旭傳院の故田中慶道老師からは、岸沢惟安老師を通した西有穆山禅師の話を聞かせて頂き、旭傳院所蔵の『本山出頭後続記　可睡中興四十七世穆山老師小伝』を拝見させて頂きました。弘前市禅林宗徳寺の黒瀧信行老師からは、毎週開かれる『正法眼蔵』の提唱を拝聴させて頂きました。『正法眼蔵』を理解することは至難ですが、仏教の奥の深さに驚き、仏教徒であることの幸せを感じております。西有穆山禅師顕彰会会長である八戸酒造(株)の駒井庄三郎氏からは、資料をまとめて本にすることを提案して頂き、その後も出版に至るまで多大の励ましを頂きました。また、西有穆山禅師顕彰会副会長である對泉院上田祥悦師を始めとする会員住職様方には一方ならぬご支援を賜りました。小中野常現寺の高山元延師からは『正法眼蔵』提唱を聴講し参禅するきっかけとなるご助言を頂戴し、糠塚大慈寺の吉田隆法師からは多くの書籍や遺墨を拝見させて頂き、湊町海安寺の才川雅明師からは仏教並びに国文学の専門的立場からのご助言を頂きました。住職地である南部町法光寺の楢山武徳老師からは穆山禅師に関わる諸堂や多数の遺墨を拝見させて頂きました。西有穆山禅師顕彰会に所属する会員諸氏からは禅師を敬慕する生誕地ならではのお話を伺うことができました。

最後になりましたが、本書を出版してくださいました大法輪閣および編集部の小山弘利様からは多くのご指導とご助言を賜りました。厚く感謝申し上げます。

二〇一八年十一月

伊藤 勝司

伊藤　勝司（いとう・しょうじ）

1944年大連市生まれ。八戸市内小学校長、八戸市史編纂委員、西有穆山禅師顕彰会会長などを歴任。共著に『私の新彗星発見記』（誠文堂新光社 1979年）。浄土真宗本願寺派の門徒。
現在　西有穆山禅師顕彰会顧問、仙台市在住。

西有穆山《にしありぼくざん》という生き方

2019年1月11日　初版　第1刷発行

編著者　伊藤　勝司
発行人　石原　大道
印刷所　亜細亜印刷株式会社
製本所　東京美術紙工
発行所　有限会社 大法輪閣
東京都渋谷区東2−5−36　大泉ビル2F
TEL（03）5466−1401（代表）
振替　00160−9−487196番

ISBN978-4-8046-8214-3　C0015　　Printed in Japan

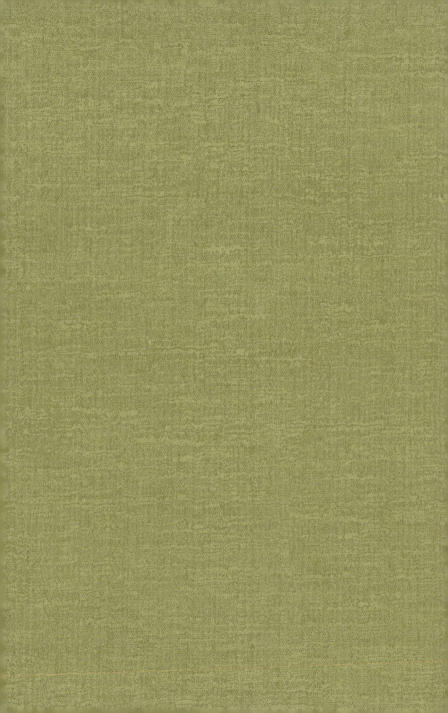